DIE GOLDENEN VERSE
DES PYTHAGORAS

FABRE D'OLIVET

DIE GOLDENEN VERSE
DES PYTHAGORAS

ANSATA-VERLAG
Paul A. Zemp
„Helfenstein"
CH-3150 SCHWARZENBURG
Schweiz
1979

Das farbige Titelbild auf dem Schutzumschlag des
vorliegenden Buches stammt von Alfred Lischka

Lizenzausgabe mit Genehmigung des Otto Wilhelm
Barth Verlages (im Scherz Verlag) Bern/München
Copyright 1926 by Otto Wilhelm Barth Verlag

Nachdruck der Ausgabe München-Planegg 1926
Umschlaggestaltung: Irisiana, Haldenwang
Druck: May + Co Nachf., Darmstadt
ISBN 3-7157-0026-2

ΤΑ ΤΩΝ ΠΥΘΑΓΟΡΕΙΩΝ.

ΕΠΗΤΑ ΧΡΥΣΑ.

ΠΑΡΑΣΚΕΥΗ.

ΑΘΑΝΑΤΟΥΣ μὲν πρῶτα θεούς, νόμῳ ὡς διάκεινται,
Τίμα καὶ σέβου ὅρκον ἔπειτ᾽ Ἡρωας ἀγανούς.
Τυύς τε κατὰ χθονίους σέβε Δαίμονας, ἔννομα ῥέζων.

ΚΑΘΑΡΣΙΣ.

Τούς τε γονεῖς τίμα, τούς τ᾽ ἄγχις ἐκγεγαῶτας.
Τῶν δ᾽ ἄλλων ἀρετῇ ποιεῦ φίλον οστις ἄριστος.
Πραέσι δ᾽ εἶκε λόγοις, ἔργοισί τ᾽ ἐπωφελίμοισι.
Μὴ δ᾽ ἔχθαιρε φίλον σὸν ἡμαρτάδος εἴνεκα μικρῆς,
Ὄφρα δύνῃ· δύναμις γὰρ ἀνάγκης ἐγγύθι ναίει.
Ταῦτα μὲν οὕτως ἴσθι. κρατεῖν δὲ ἐθίζεο τῶν δε.
Γαστρὸς μὲν πρώπιστα, κ᾽ ὕπνου, λαγνείης τε,
καὶ θυμοῦ. Πρήξεις δ᾽ αἰσχρόν ποτε μήτε μετ᾽ ἄλλου,
Μήτ᾽ ἰδίῃ. Πάντων δὲ μάλιστα αἰσχύνεο σαυτόν.

Εἶτα δικαιοσύνην ἀσκεῖν ἔργῳτε, λόγῳτε.
Μήδ᾽ ἀλογίστως σαυτὸν ἔχειν περὶ μηδὲν ἔθιζε·
Ἀλλὰ γνῶθι μὲν ὡς θανέειν πέπρωται ἅπασι.
Χρήματα δ᾽ ἄλλοτε μὲν κτᾶσθαι φιλεῖ, ἄλλοτ᾽ ὀλέσθαι.
Ὄσσατε δαιμονίῃσι τύχαις βροτοὶ ἄλγε ἔχουσιν,
Ὧν ἄν μοῖραν ἔχῃς πράος φέρε, μήδ᾽ ἀγανάκτει·
Ἰᾶσθαι δὲ πρέπει καθόσον δύνῃ· ὧδε δὲ φράζευ.
Οὐ πάνυ τοῖς ἀγαθοῖς τουτῶν πολὺ μοῖρα δίδωσι.

Πολλοὶ δ᾽ ἀνθρώποισι λόγοι δειλοίτε κ᾽ ἐσθλοῖ
Πρὸ σπίπτους, ὧν μήτ᾽ ἐκπλήσσεο, μήτ᾽ ἄρ᾽ ἐάσῃς
Εἴργεσθαι σαυτόν. Ψεῦδος δ᾽ ἤν πέρ τι λέγηται,
Πράος εἶχ᾽. Ὁ δέ τοι ἐρέω, ἐπὶ παντὶ τελείσθω.

5

Μηδεὶς μήτε λόγῳ σε παρείπῃ, μήτε τι ἔργῳ
Πρῆξαι, μήδ' εἰπεῖν, ὅ, τι τοι μὴ βέλτερόν ἐστιν.
Βουλεύου δὲ πρὸ ἔργου, ὅπως μὴ μωρὰ πέληται.
Δειλοῦ τοι πρήσσειν τε, λέγειν τ' ἀνόητα πρὸς ἀνδρός.
Ἀλλὰ τάδ' ἐκτελέειν, ἅσε μὴ μετέπειτ' ἀνιήσῃ.

Πρῆσσε δὲ μηδὲν τῶν μὴ πίστασαι· ἀλλὰ διδάσκευ
Ὅσσα χρεών, καὶ τερπνότατον βίον ὧδε διάξεις.

Οὐδὲ ὑγιείης τῆς περὶ σῶμ' ἀμέλειαν ἔχειν χρή.
Ἀλλὰ ποτοῦ τε μέτρον, καὶ σίτου, γυμνασίων τε
Ποιεῖσθαι. Μέτρον δὲ λέγω τόδ', ὃ μὴ σ' ἀνιήσει.
Εἰθίζου δὲ δίαιταν ἔχειν καθάρειον, ἄθρυπτον.
Καὶ πεφύλαξό γε ταῦτα ποιεῖν, ὁπόσα φθόνον ἴσχει.
Μὴ δαπανᾶν παρὰ καιρόν, ὁποῖα καλῶν ἀδαήμων.
Μηδ' ἀνελεύθερος ἴσθι· μέτρον δ' ἐπὶ πᾶσιν ἄριστον.
Πρῆσσε δὲ ταῦθ', ἅ σε μὴ βλάψῃ· λόγισαι δὲ πρὸ ἔργου.

ΤΕΛΕΥΤΗΣ.

Μηδ' ὕπνον μαλακοῖσιν ἐπ' ὄμμασι προσδέξασθαι,
Πρὶν τῶν ἡμερινῶν ἔργων τρὶς ἕκαστον ἐπελθεῖν.
Πῇ παρέβην; τι δ' ἔρεξα; τί μοι δέον οὐκ ἐτελέσθη;
Ἀρξάμενος δ' ἀπὸ πρώτου ἐπέξιθι· καὶ μετέπειτα
Δεινὰ μὲν ἐκπρήξας ἐπιπλήσσεο· χρησὰ δε, τέρπου.
Ταῦτα πόνει· ταῦτ' ἐκμελέτα· τούτων χρὴ ἐρᾶν σε.
Ταῦτά σε τῆς θείης ἀρητῆς εἰς ἴχνια θήσει.
Ναὶ μὰ τὸν ἡμετέρα ψυχᾷ παραδόντα τετράκτυν,
Παγὰν ἀενάου φύσεως. Ἀλλ' ἔρχευ ἐπ' ἔργον
Θεοῖσιν ἐπευξάμενος τελέσαι. Τούτων δὲ κρατήσας,
Γνώσκῃ ἀθανάτων τε θεῶν, θνητῶν τ' ἀνθρώπων
Σύστασιν, ᾗ τε ἕκαστα δυέρχεται, ᾗ τε κρατεῖται,
Γνώσκῃ δ', ἡ θέμις ἔστι, φύσιν περὶ παντὸς ὁμοίην.

6

Ωστέ σε μήτ' ἄελπτ' ἐλπίζειν, μήτε τι λήθειν.
Γνώσκῃ δ' ἀνθρώπους αὐθαίρετα πήματ' ἔχοντας.
Τλήμονας, οἵ τ' ἀγαθῶν πέλας ὄντων οὔτ' ἐσορῶσιν.
Οὔτε κλύουσι· λύσιν δὲ κακῶν παύρον συνίσασιν.
Τοίη μοῖρα βροτῶν βλάπτει φρένας· οἳ δὲ κυλίνδροις'
Ἄλλοτ' ἐπ' ἄλλα φέρονται ἀπείρονα πήματ' ἔχοντες.
Λυγρὶ γὰρ συνοπαδὸς ἔρις βλάπτουσα λέληθε
Σύμφυτος· ἥν οὐ δεῖ προσάγειν, εἴκοντα δὲ φεύγειν.

Ζεῦ πάτερ, ἦ πολλῶν τε κακῶν λύσειας ἅπαντας.
Ἦ πᾶσιν δείξαις οἵῳ τῷ δαίμονι χρῶνται.
Ἀλλὰ σὺ θάρσει· ἐπεὶ θεῖον γένος ἔστι βροτοῖσιν,
Οἷς ἱερὰ προφέρουσα φύσις δείκνυσι ἕκαστα.
Ὧν εἴ σοί τι μετέστι, κρατήσεις ὧν σε κελεύω,
Ἐξακέσας, ψυχὴν δὲ πονῶν ἀπὸ τῶν δὲ σαώσεις.
Ἀλλ' εἴργου βρωτῶν, ὧν εἴπομεν, ἔν τε καθαρμοῖς,
Ἔν τε λύσει ψυχῆς κρίνων· καὶ φράζευ ἕκαστα,
Ἡνίοχον γνώμην στήσας λαθύπερθεν ἀρίστην.
Ἦν δ' ἀπολείψας σῶμα ἐς αἰθέρ' ἐλεύθερον ἔλθῃς,
Ἔσσεαι ἀθάνατος θεός, ἄμβροτος, οὐκ ἔτι θνητός.

Die Vorbereitung

Den geheiligten Dienst verricht' den unsterblichen
Göttern;
Deinem Glauben bleibe treu: verehrend gedenke
Wohltätiger Helden, halbgöttlicher Geister.

Die Reinigung

Ein guter Sohn, ein rechter Bruder sei, liebender
Gatte und guter Vater;
Den Freund der Tugend wähl' zu deinem Freund;
Folg' seinem treuen Rat und lern' aus seinem Leben,
Nicht soll ein leichtes Unrecht euch entzwei'n.
So weit du's kannst: mit fester Kette schmiedet
Das Können an Notwendigkeit ein streng' Gesetz.
Wenn Leidenschaft dich packt: dir ist die Macht
gegeben
Zu kämpfen und zu siegen, darum lerne
Sie zu beherrschen. Mäßig sei,
Tatkräftig, rein. Den Zorn vermeide.
Nicht im Geheim, nicht offensichtlich
Gib Raum dem Schlechten, und vor allem Andern
Achte dich selber hoch.
Sprich nicht und handle nicht, bevor du überlegt.
Sei billig. Unvermeidlich ist die Stunde
Zu der du sterben mußt. Daran denke;
Und daß Güter, Ehren, die leicht erworben,
Leicht verloren sind.
Den Übeln, die das Schicksal bringt,
Schau klar ins Auge du: ertrage sie
Und such', so gut du's kannst, die Furchen auszu-
glätten;

Den Weisen liefern grausam nicht die Götter
Dem Schlimmsten aus.
Es hat der Irrtum, wie die Weisheit, seine Schar;
Mit Vorsicht prüft und wägt der Philosoph;
Wo Irrtum herrscht, entfernt er sich und wartet.
Auf meine Worte hör' und präg' sie tief ins Herz:
Dem Vorurteil verschließ dein Ohr und Auge;
Folg' blindlings nicht den Andern, denke selbst.
Nach eig'ner Art und frei erwäge und beschließe.
Laß Toren handeln ohne Zweck und Ziel;
Blick' weit voraus: der Zukunft Sinn und Bild
Enthüllt sich dir im Gegenwärt'gen —
Verborgen noch — und doch bedingt.
Streb' nicht danach zu tun, was du nicht weißt;
Belehr' dich erst: alles — erreicht Geduld und Zeit.
Auf deine Gesundheit hab' acht; verteile mit Maß
Die Nahrung dem Leib, Erholung dem Geist.
Doch sorge nicht zu viel, und sorge nicht zu wenig,
Dem Übermaß hängt leicht der Neid sich an,
Und Geiz und Luxus zeit'gen gleiche Folgen;
Der rechte Weg ist der der rechten Mitte.

Die Vervollkommnung

Es soll der Schlaf dir nicht die Lider schließen
Bevor du dich gefragt, was du getan, versäumt;
War's schlecht, enthalte dich; war's gut, so fahre fort.
Bedenke meinen Rat und folg' ihm treu:
Zu Tugendhöhen weiß er dich zu leiten.
Dies schwör' ich dir bei dem, der in die Herzen
Uns grub der heil'gen Vierzahl rein und hehr Symbol,
Vorbild der Götter, Urquell der Natur.
Es soll die Seele dein vor allem, treu der Pflicht,

Inbrünstig zu den Göttern rufen, deren Hilfe
Allein die Krönung deines Werkes bringt.
Gelehrt durch sie wirst du nicht Schaden nehmen,
Du wirst das Wesen alles Seins versteh'n,
Prinzip und Ziele aller Dinge kennen.
Wenn dir's der Himmel gibt, wirst du erfahren
Wie die Natur, sich stets im Wesen gleich,
An jedem Orte auch die gleiche bleibt.
Nicht mehr an eitlen Lüsten wird dein Herz sich
                                             sätt'gen,
Wenn seine wahren Pflichten es erkennt.
Die Übel, die den Menschen zehren,
Wirst du als Früchte eig'ner Wahl versteh'n,
Und wie sie weit hinaus nach Gütern streben,
Die tief in ihrer eig'nen Seele ruh'n.
Nur Wen'ge wissen glücklich sein: der Leidenschaften
                                             Spielball,
Von wilden Wogen hin und her getragen
Auf uferlosem Meer, treiben sie blind dahin
Und wissen nicht den Wettern standzuhalten.
Die Augen tue ihnen auf, o Gott, und rette sie!
Nein! — göttlichen Ursprungs ist der Menschen
                                             Geschlecht.
Ihm ist gegeben
Den Irrtum zu seh'n, die Wahrheit zu schau'n.
Dienend hilft die Natur. Und du, der sie erkannt hat,
Weiser, Glücklicher, du, ruhe geborgen im Hafen.
Doch merke auf mein Gebot und halte dich fern von
                                             den Dingen,
Die deiner Seele schaden, erkenne sie recht.
Den Körper regiere der Geist. . . .
Aufwärts im leuchtenden Äther entfalte der Seele die
                                             Schwingen,
Um unter unsterblichen Göttern Gott selber zu sein.

10

Einleitung

Denjenigen, die Edouard Schurés „Les grands Initiés"
gelesen haben, ist der Name Fabre d'Olivets kein un-
bekannter; durch dieses Buch sind ja auch deutsche
Leserkreise mit dessen Ideen in engere Berührung getreten, denn diese bilden die Grundlagen der „Grands
Initiés", und Schuré unterläßt nicht, wiederholt auf
ihn zu verweisen. Fabre d'Olivets Schriften selbst sind
aber wohl nur ganz Vereinzelten bekannt, sie sind
längst aus dem Buchhandel verschwunden, und nur
wenige öffentliche Bibliotheken besitzen das eine oder
das andere seiner Werke. Sie sind auch nicht ins
Deutsche übersetzt worden. Schurés Buch „Les grands
Initiés" hat bei seinem Erscheinen in Frankreich zün-
dend gewirkt, es hat sich auch in Deutschland Freunde
und sogar eine gewisse Anzahl Anhänger erworben.
Den von Schuré entwickelten Gedanken nachzugehen
könnte daher für manche Leser von Interesse sein. Sie
wurzeln in Fabre d'Olivets Werken in größerer Tiefe
und Breite.
Von seinen Zeitgenossen ist Fabre d'Olivet, trotzdem
sie sein reiches Wissen nicht in Abrede stellten, vielfach als Visionär und Träumer hingestellt worden. Der
Eindruck des Visionären wird bei oberflächlicher Betrachtung leicht durch seinen Stil und auch durch seine
Darstellungsweise geweckt werden. Er ist aber viel
mehr ein Analysierender und Kombinierender zugleich. Die Tätigkeit der Einbildungskraft, durch
welche das innere Sehen des Visionärs vor sich geht,
ist nicht das Spezifische seiner Denkungsweise. Das
Denken, dessen Richtlinie doch stets von dem Empfin-

den beherrscht wird, und das seine Grenzen in der Persönlichkeit des Denkenden beschränkt findet, läßt ihn nicht bei dem Sichten des Materials stehen bleiben, sondern zwingt ihn vorwärts zu Schlußfolgerungen: Auf scharfer Beobachtung basierend, stellt er Vergleiche an; diese führen ihn dann zu Kombinationen, aber nicht zu Visionärem. Gebunden an persönliche Gesetze und Grenzen, und auch an die Grenzen des Wissens seiner Zeit, hat Fabre d'Olivet, wie jeder denkende Mensch, gewiß auch viele Fehlschlüsse getan; daß aber eine so bedeutende, intensive Denkkraft aus dem reichen Material, das er zusammengetragen hatte, doch wohl auch Wertvolles hat zu Tage fördern müssen, liegt auf der Hand. Es dürfte sich verlohnen, dieses näher zu untersuchen. Aus den ,,Vers dorés de Pythagore" spricht eine starke Persönlichkeit zu uns, oder, um es näher zu präzisieren, starke Überzeugungen erkannter Wahrheiten. Die intensive Anteilnahme an den Fragen, die er behandelt, tritt deutlich hervor. Für Fabre d'Olivet war das Denken Erleben, und seine Lebensziele fallen mit seinen geistigen Bestrebungen zusammen. Wir müssen in einem kurzen Lebensabriß dem Menschen Fabre d'Olivet etwas näher treten, wenn wir den Schriftsteller in seiner Entwicklung verstehen wollen.

Fabre d'Olivet ist 1768 in Ganges (Languedoc) geboren und als Zwölfjähriger nach Paris gekommen. Sein Vater hatte ihn für den kaufmännischen Beruf bestimmt. Er wandte sich aber bereits 1789 der Literatur zu und beschäftigte sich später ausschließlich mit metaphysischen und philologischen Studien. ,,Les vers dorés de Pythagore"[1]) sind 1813 erschienen. Die Stürme der Revolution waren verrauscht, mit ihrem Streben nach ungebundener Freiheit, ihrem Niederreißen aller Bindungen, die dem Staatsbürger und Menschen die äußere und innere Struktur gegeben hatten. Weder mit den Prinzipien noch mit den Zielen dieser Bewegung hat Fabre d'Olivet sich in Einklang zu setzen vermocht. er hatte mit den Auswüchsen und dem Überlebten zugleich viele erworbene Veredlung und Kulturwerte in Scherben schlagen sehen. Sein unabhängiger Charakter und seine kritische Veranlagung ließen ihn auch stets in einem bewußten Gegensatz zu den ehrgeizigen Plänen Napoleons Stellung nehmen, und die neuen, nicht organisch gewachsenen Formen, die des Kaisers eiserne Hand dem Wachs des Volkskörpers aufzudrücken suchte, konnten kein Verständnis bei ihm finden. Obgleich Fabre d'Olivet nie politisch hervorgetreten war, betrachtete Napoleon ihn seiner Ideen wegen als staatsgefährlich und setzte seinen Namen auf die Liste der zur Deportation an die unwirtlichen Küsten Afrikas verurteilten Mißliebigen. Der Groll des Kaisers ist vielleicht darauf zurückzuführen, daß Fabre d'Olivet, der 1802 einen Posten im Kriegsministerium und später im Ministerium des Innern bekleidet hat, diese Stellung aufgab, weil er nicht gewillt war, ein seinen Überzeugungen zuwiderlaufendes amtliches Schriftstück aufzusetzen. Ein glücklicher Zufall bewahrte ihn vor der Deportation. Er hat von dieser Zeit an nur noch seinen Studien gelebt und in verhältnismäßig rascher Aufeinanderfolge seine drei größeren Werke zum Abschluß gebracht. Im Jahre 1825 ist er in Paris gestorben.

Eingehende vergleichende Forschungen hatten Fabre d'Olivets Aufmerksamkeit auf eine auffallende Übereinstimmung in den religiösen, kosmogonischen und metaphysischen Anschauungen der Völker der alten Kulturwelt gelenkt. Nicht psychologisch im mensch-

lichen Denken begründete Schlußfolgerungen allein
liegen seiner Ansicht nach diesen Übereinstimmungen
zu Grunde, sie beruhen vielmehr auf einer gemeinsamen Tradition und engen Kulturzusammenhängen.
Hinter den Mythen und mythischen Persönlichkeiten
stehen historische Ereignisse und Persönlichkeiten,
nicht allegorische Abstraktionen. In seinem 1822 er-
schienenen Werk: „De l'état social de l'homme, ou
vues philosophiques sur l'histoire du genre humain"
sucht er diese mystischen und mythologischen Persönlichkeiten von dem Legendenhaften zu befreien und
ihre historische Existenz und ihren Einfluß auf die
geschichtliche Entwicklung festzustellen, gerät aber
hiermit auf das Gebiet der Spekulation. Er gelangt
andererseits durch scharfsinnige Auslegung der Über-
lieferungen zu manchen Resultaten, die sich in über-
raschender Weise mit den Ergebnissen der heutigen
wissenschaftlichen Forschung decken, und findet in
den Sagen oft den Schlüssel zu historischen Tatsachen,
an denen die Wissenschaft seiner Tage achtlos vorüber-
gegangen ist. So setzt er, beispielsweise, die Wiege der
germanischen Völker an die Küste des baltischen Mee-
res, entgegen der Ansicht seiner Zeit, die ihr Asien als
Heimat zugewiesen hatte. Daß enge Zusammenhänge,
gegenseitige Berührungen und Beeinflussungen zwischen den Kulturkreisen der alten Völker existiert
haben, ist uns heute geläufig; aber auch heute noch
sind es tiefe, dunkle Brunnen, aus denen die Wissenschaft schöpfen muß, und zu ihren letzten Tiefen, die
aus der Hypothese das Wissen machen, ist sie noch
nicht gelangt, die Geschichte hört zu früh auf, um die
Entwicklung des Gewordenen bis zu den Anfängen zu
verfolgen. Die in enger Verbindung stehenden drei
ältesten Kulturkreise, die wir kennen, der babylo-

nische, ägyptische und mykänische, sind noch immer für uns in tiefes Dunkel gehüllt. In der Überlieferung von dem Turmbau zu Babel — und es gibt keine Überlieferung, die bloß ersonnene Legende ist — liegt doch wohl ein Hinweis auf eine feste, geschlossene Gemeinsamkeit, wohl auch der geistigen Bestrebungen, großer Völker- und Kulturkreise, einer der historischen Forschung noch nicht erschlossenen Zeit. Doch das sind nur Mutmaßungen, und die Wissenschaft verhält sich mit Recht skeptisch zu allem, was nicht durch greifbare Beweise bis zur Evidenz erwiesen werden kann. Fabre d'Olivet aber stand die exakte Forschungsmethode der heutigen Wissenschaft nicht korrigierend und leitend zur Seite.

Die Ergebnisse seiner philologischen Untersuchungen führten Fabre d'Olivet zu der Überzeugung, bestimmte Richtlinien gefunden zu haben, die ihn in den Stand zu versetzen vermochten, die gemeinsamen Wortwurzeln der alten Sprachen festzustellen. Er hat das aber in rein philosophisch-deduktiver, seinem subjektiven Denken entspringender Konzeption getan, nicht auf fester, etymologischer Grundlage. Hierauf hat er sein umfangreiches Werk: „La langue hébraïque restituée" und den Versuch einer Übersetzung der ersten zehn Kapitel des Berveshith (der Genesis des Moses) aufgebaut, ein Werk von großer Gedankentiefe und -kraft, aber wissenschaftlich nicht genügend begründetem Fundament. Fabre d'Olivet wäre übrigens der Erste gewesen, die eigenen Fehler einer begründeten Kritik gegenüber zuzugeben; er weist in den Erläuterungen zu den goldenen Versen des Pythagoras auf die Grenzen hin, die jedem noch so großen und tiefen Denker gesetzt sind, und hätte gewiß nicht für sich eine Ausnahme von der Regel in Anspruch genommen, die er aufstellt, die tief im Wesen der Persönlichkeit begründet ist und das Irren dem Suchen zugesellt. Während Fabre d'Olivet in der „Langue hébraïque restituée" und im „État social de l'homme" sich zur Beweisführung fast ausschließlich auf die Ergebnisse seines eigenen etymologischen Systems stützt, verfährt er in den „Vers dorés de Pythagore" in ganz anderer Weise. Er stellt hier keine einseitige Behauptung auf, die er nicht durch den Hinweis auf eine diesbezügliche Stelle in den Werken der alten Schriftsteller erhärtet, der alten sowohl wie der neueren, denn er verfolgt die Stellungnahme aller bedeutenden Philosophen zu den Grundfragen, die die denkende Menschheit bewegt haben, bis auf seine eigenen Tage. Diese Quellenangaben sind in der vorliegenden Übersetzung genau nach dem französischen Original wiedergegeben, ihre kritische Untersuchung in Bezug auf die richtige Interpretation durch Fabre d'Olivet steht dem Leser, nicht dem Übersetzer zu. Ausgehend von der Lehre des Pythagoras, spürt Fabre d'Olivet ihren Wurzeln nach, und zieht alles heran, was die griechischen und lateinischen Autoren und die Kirchenlehrer über die Mysterien berichten. Er führt uns das ihm vorschwebende Bild von dem Wesen, den Lehren und den nicht nur inneren, sondern auch bewußten Zusammenhängen der Geheimlehren der alten Welt mit großer Klarheit vor Augen.

Fabre d'Olivet glaubte in den Weisheitslehren des Altertums das Ideal gefunden zu haben, dem er aus einer zerrissenen, mit sich selbst zerfallenen Zeit sehnsüchtig zustrebte. Die ungewisse Zukunft schwebt im goldenen Licht, als goldenes Zeitalter, nur dem Schwärmer und Weltverbesserer vor, der den ersten Schritt vorwärts in der Zertrümmerung des Bestehenden erblickt. Den historisch geschulten Sinn zieht es in Zeiten des Tiefstands zu den erprobten und bewährten sittlichen Gütern, welche die Ideenwelt hochstehender Kulturen ihm bietet, aus der die seinige organisch hervorgewachsen ist. Nur in den starken, neuen Trieben des eigenen Keimes, nicht in der Aufpfropfung des Wesensfremden, ist ihm Renaissance, in der historischen Bedeutung des Worts, als Entfaltung zu hoher Blüte denkbar. Das Ideal des Yogi, nach dem heute eine Welle der geistigen Strömung tastend langt, wird in seinen Augen für den europäischen Menschen niemals die Bedeutung einer befreienden, Leben erzeugenden Wahrheit besitzen können, denn es ist dem letzteren so fern und fremd wie die indische Seele selbst: die Saite, die in ihr vibriert, löst nur Farben, nicht Ton, in der seinen aus. Welche innere Verwandtschaft erschließt ihm ihre Tiefe? Es ist nur ihr Antlitz, das er schaut, und das ihn ansieht wie das Märchen in unseren Kindertagen, nicht mit dem Reiz der Neugier, aber mit dem Zauber des Unergründbaren und Geheimnisvollen, das wir mit den eigenen Farben ausmalen. Die Disziplin des Yogi ist eine andere als jene Selbstdisziplinierung, die aus den Lehren des Altertums vor allem andern hervorleuchtet, und für uns den Ausdruck und Gradmesser und das Rückgrat aller wahren Kultur bedeutet; sie ist eine Betonung der Persönlichkeit, und strebt ihre Entwicklung zur höchsten Aktivität auf der Grundlage der inneren Bindungen an. Die Disziplin des Inders bezweckt die Loslösung und Befreiung von dem Persönlichen und steht im schärfsten Gegensatz zu der Charakterschulung des Pythagoras. Fabre d'Olivet strebte mit ganzer Seele und großer Aufrichtigkeit nach Erkenntnis und glaubte an die von ihr ausgehenden sittlichen und erlösenden

17

Kräfte im Sinn der pythagoräischen Lehre. Seiner Ansicht nach ist das Organ, mit welchem wir die Erkenntnis erfassen, nicht der Verstand und auch nicht die Vernunft; er setzt es in ein höheres geistiges Vermögen des Menschen, in das der inneren Beurteilungs- und Bejahungsfähigkeit des wirklich Wahren und Guten. Aber die Beantwortung der Frage, ob diese Selbsterlösung, dieses Einswerden mit der Lichtnatur, auf das die letzten Strophen der goldenen Verse hinweisen, in den Grenzen des menschlichen Könnens liegt und durch die Erkenntnis erreicht werden kann, gehört nicht mehr in das Gebiet der Philosophie, sondern in das der Religion.

Erläuterungen

zu den goldenen Sprüchen der Pythagoräer
von Fabre d'Olivet.

Die Alten pflegten alles, was ihnen vollkommen schön und fehlerlos erschien, mit dem Golde zu vergleichen: sie verstanden unter der Bezeichnung das goldene Zeitalter die Zeit, in welcher Glück und Tugend herrschten, und unter den goldenen Sprüchen diejenigen, welche die reinste Lehre enthielten[2]). Diese Sprüche haben sie stets dem Pythagoras zugeschrieben, trotzdem sie wußten, daß nicht er, sondern einer seiner Schüler ihr Verfasser war, der die Lehre, die er aus dem Munde des Meisters vernommen, getreu in ihnen niedergelegt hatte[3]). Dieser Schüler, Lysis[4]), zeichnete sich nicht nur durch sein reiches Wissen aus, ihn schmückte vor allem die Treue, mit welcher er an der Lehre des Pythagoras hing. Nach dem Tode des Philosophen gewannen seine Gegner vorübergehend die Oberhand; gegen seine Anhänger setzten in Kroton und Metapont furchtbare Verfolgungen ein und kosteten Vielen das Leben; ein großer Teil der Pythagoräer wurde von den Trümmern der in Brand gesteckten Schule begraben, ein anderer fiel in dem Tempel der Musen dem Hungertod zum Opfer[5]). Lysis war es gelungen, nach Griechenland zu flüchten. Um der Sekte der Pythagoräer, die auch hier heftigen Verleumdungen ausgesetzt war, neue Anhänger zu gewinnen, hielt er es für geboten, die Grundlagen der Moral und die hauptsächlichsten Lebensregeln des berühmten Mannes in einer Art Formel zusammenzustellen. Diesem mutigen Eintreten verdan-

19

ken wir die philosophischen Sprüche, die man aus den angeführten Gründen die goldenen nannte. Sie sind das einzige wirklich Authentische, das uns von einem der größten Geister des Altertums geblieben ist. Hierokles hat sie uns mit einem umfangreichen gelehrten Kommentar überliefert; er stellt ausdrücklich fest, daß sie die Ansichten nicht eines Einzelnen sind, sondern die Lehre der gesamten heiligen Genossenschaft der Pythagoräer, ihr gemeinsamer Schlachtruf[6]). Eine Vorschrift, fügt er hinzu, gebiete Jedem, die Sprüche morgens und abends zu lesen. Es geht auch aus verschiedenen Stellen in den Schriften Ciceros, Horaz', Senekas und anderer glaubwürdiger Schriftsteller hervor, daß diese Vorschrift noch zu ihrer Zeit befolgt worden ist[7]). Gallenos erwähnt in seiner Abhandlung über die Seele und ihre Erkrankungen, daß er die Sprüche täglich am Morgen und Abend lese und sie sich danach auswendig hersage. Das Werk trug Lysis eine große Berühmtheit in Griechenland ein; er wurde zum Lehrer des Epaminondas berufen und gewann dessen Freundschaft[8]). Daß er seinen Namen nicht unter die Schrift gesetzt hat, hängt damit zusammen, daß man zu jener Zeit auf die Sache und nicht auf die Person Gewicht zu legen pflegte: man beschäftigte sich mit der Lehre des Pythagoras, nicht mit dem Talent des Lysis, der sie vortrug. Die Schüler eines großen Mannes hatten keinen anderen Namen als den seinen. Dieses erklärt, woher es kommt, daß so unendlich viel Bücher dem Vyasa in Indien, Hermes in Ägypten, Orpheus in Griechenland, zugeschrieben worden sind.

Ich habe mich bei der Übersetzung an den griechischen Text gehalten, den Hierokles am Anfang seines Kommentars bringt, dieser ist von seinem Sohn Casanbonus kommentiert, von J. Curterius lateinisch interpretiert.

20

(Londoner Ausgabe 1675.) Wie alle auf uns gekommenen Werke der Alten, ist auch dieses Gegenstand vieler kritischer und grammatikalischer Untersuchungen gewesen. Es galt vor allem den Text kritisch festzustellen. Das ist möglichst genau und korrekt durchgeführt worden; die wenigen noch vorhandenen Varianten sind von zu geringer Bedeutung, um sich bei ihnen aufzuhalten; es ist auch nicht meine Aufgabe. Die Arbeit der Grammatiker ist gemacht und sollte als abgeschlossen betrachtet werden. Man gelangt zu keinem Abschluß, wenn man dasselbe immer von neuem durcharbeitet, ohne die von anderen bereits geleistete Arbeit in Betracht zu ziehen. Ich werde daher keine kritische Untersuchung des Textes vornehmen, den ich für genügend untersucht halte, auch nicht einen Kommentar im engeren Sinn bieten, denn es genügen, meiner Ansicht nach, über die 71 Verse die Kommentare des Hierokles, Vitus Amerbachius, Th. Marcilius, H. Brem, Michael Neander, Jan Straselius, Wilhelm Diezius, Magnus Daniel Omeïs, André Dacier u. a. Ich will untersuchen und nicht kommentieren, um den inneren Sinn der Verse zu erklären und zu ihrem volleren Verständnis zu führen.

Vorbereitung

2. Den geheiligten Dienst verricht' den unsterblichen
                                  Göttern;
Deinem Glauben bleibe treu: verehrend gedenke
Wohltät'ger Heroen, halbgöttlicher Geister.

Bacon hat Pythagoras den Vorwurf gemacht, er sei
fanatisch und abergläubisch gewesen[9]). Dieser Vorwurf erscheint nicht ganz berechtigt, denn Pythagoras
eröffnet seine Unterweisungen mit der Aufstellung
eines Prinzips weitgehendster Toleranz. Er fordert
seine Schüler auf, den eingesetzten Kult zu verrichten
und die Götter ihres Landes zu verehren, gleichviel
welcher Kult und welche Götter es seien; darnach
sollen sie dem eigenen Glauben treu bleiben und seine
Mysterien nicht bekannt geben. Lysis hat in diesem
Vers einen Doppelsinn geschickt verflochten: er
empfiehlt den Pythagoräern Toleranz und Zurückhaltung an und stellt dann, dem Beispiel der ägyptischen Priester folgend, zwei Lehren auf, eine äußere,
volkstümliche, nach dem Gesetz, und eine ihrem
Glauben entsprechende innere, geheime. Er beruhigt
gleichzeitig die zu Mißtrauen neigende Bevölkerung
Griechenlands, die auf Grund der verbreiteten Verleumdungen von der neuen Sekte Angriffe auf das
Ansehen ihrer Götter befürchten mochte. Diese Toleranz und diese Reserve bedeuteten zu jener Zeit etwas
durchaus anderes als sie es heute täten. Unsere Anschauungen über diesen Punkt haben durch die ihrem
Wesen nach exklusive und strenge christliche Religion
eine Änderung erfahren. Letztere erkennt nur eine

Lehre an, nur eine Kirche, und gelangt dementsprechend dazu, Toleranz mit Gleichgültigkeit oder Kälte zu verwechseln und in der Zurückhaltung Irrlehre oder Heuchelei zu vermuten. Diese Dinge hatten aber in dem Geist des Polytheismus eine andere Färbung. Ein Christ könnte nicht, ohne seinen Eid zu verletzen oder eine gottlose Handlung zu begehen, in China das Knie vor Confuzius beugen oder dem Chang-Ty oder Tien opfern; nicht in Indien Krishna anbeten oder in Benares als Anhänger Wishnus auftreten; ebenso wenig könnte er an den Zeremonien der Juden und Mohammedaner teilnehmen, obgleich diese denselben Gott verehren wie er, oder, wenn er Katholik ist, an den Gottesdiensten der Arianer, Lutheraner oder Calvinisten. Dieses hängt mit dem innersten Wesen seiner Religion zusammen. Dem Pythagoräer waren die unüberbrückbaren Mauern unbekannt, die die Völker abgrenzen und isolieren und sich feindselig gegenüberstehen lassen. Die Götter der verschiedenen Völker waren in seinen Augen dieselben Götter. Seine kosmopolitisch orientierten Dogmen verurteilten keinen zu ewiger Verdammnis. Von einem Ende der Welt bis zum andern konnte er der Gottheit auf ihren Altären Weihopfer darbringen, gleichviel unter welchem Namen und Formen sie verehrt wurde, und den vom Gesetz vorgeschriebenen Kult verrichten. Denn der Polytheismus war für ihn nicht das, was er in unseren Augen ist, grobe Götzenanbetung, oder ein vom höllischen Feind inspirierter Kult, der die Menschen verführen sollte, diesem die Anbetung zu zollen, die nur der Gottheit zukommt; für ihn war der Polytheismus eine Partikularisierung des höchsten Wesens, der Quelle alles Seins, und eine Personifizierung seiner Attribute und Eigenschaften. Keiner der theokrati-

schen Gesetzgeber vor Moses hätte es für geboten gehalten, den höchsten Gott, den unerschaffenen und einzigen, in seiner unergründlichen Universalität der Verehrung des Volkes preiszugeben. Die indischen Brahmanen, die wir als typische Vorbilder aller Weisen und Oberpriester der Welt betrachten können, gestatten sich noch heute nicht, trotzdem die Zeit längst die letzten Spuren ihres uralten Wissens verwischt hat, den Namen Gottes als Prinzip des Alls, als Ursprung des Seins, auszusprechen[10]). Sie begnügen sich damit, über sein Wesen schweigend nachzusinnen und nur seinen höchsten Emanationen zu opfern. Die chinesischen Weisen handeln ebenso in Bezug auf die Grundursache, die man nicht nennen und nicht näher erklären kann[11]). Die Anhänger des Zoroaster beschränken sich darauf, die unaussprechliche Ursache „Ewigkeit" zu nennen, aus welcher sie die beiden universellen Prinzipien des Guten und Bösen hervorgehen lassen, Ormuzd und Ahriman[12]). Auch die durch ihre Weisheit, ihre umfassenden Kenntnisse und die Mannigfaltigkeit ihrer heiligen Symbole berühmten Ägypter verehrten schweigend die Gottheit als Prinzip und Urquelle aller Dinge[13]); sie sprachen nie von ihr, denn sie stand in ihren Augen über aller menschlichen Erkenntnis; und ihr Schüler Orpheus, der Urheber der glänzenden Mythologie der Griechen, der den Gedanken bereits anzudeuten scheint, daß die Weltseele zugleich die Schöpferin des Gottes ist, aus dem sie hervorgeht, sagt ohne Umschweife heraus:
„Ich sehe dieses Wesen nicht, es ist von einer Wolke beschattet"[14]).
Moses ist, wie bereits erwähnt, der Erste gewesen, der die Einheit Gottes öffentlich gelehrt und der dadurch dasjenige bekannt gegeben hat, was bis-

her im Schatten der Sanctuarien verborgen gehalten wurde; denn gerade diese Einheit Gottes und die Homogenität der Natur bildeten den Hauptlehrsatz der Mysterien. Alle Dogmen beruhten auf ihnen[16]). Es ist aber bezeichnend, daß er sich keine Definition und keine Reflektion über Wesen und Natur dieses einzigen Wesens gestattet. Die Theosophen aller Nationen mit Ausnahme der Juden — und auch bei diesen war die Idee der einen unteilbaren Gottheit von mehr als einer Wolke noch verdunkelt — haben vor ihm und nach ihm, bis zur Einführung des Christentums, die Gottheit unter zwei Gesichtspunkten betrachtet: als einzig und als unendlich. Als einzig, unter dem Siegel des Geheimnisses, der Kontemplation und Meditation den Weisen vorbehalten; als unendlich, der Verehrung und Anbetung des Volkes preisgegeben. Nun besteht aber die Einheit im Wesen und kann von der ungebildeten Menge niemals und in keiner Weise erkannt werden; seine Unendlichkeit liegt in seinen Eigenschaften, und von diesen kann sie, je nach dem Grade ihrer Erkenntnis, einige schwache Strahlen erfassen und sie mit sich in Verbindung setzen, indem sie sie von dem universellen Begriff loslöst, d. h. in die Einzelheiten auflöst, sie partikularisiert und personifiziert. Auf diesem Partikularisieren und Personifizieren beruht der Polytheismus. Die Menge der Götter, die daraus entsteht, ist unendlich wie die Gottheit, aus der sie ihren Ursprung nimmt. Jede Nation, jede Stadt erwählt und nimmt sich von den göttlichen Eigenschaften die ihrem Charakter und ihren Bedürfnissen am besten entsprechenden. Diese Eigenschaften, im Bilde vorgestellt, werden zu ebenso vielen einzelnen Gottheiten, deren mannigfache Namen die Anzahl noch vermehren. Nichts setzt dieser unermeßlichen

Theogonie Grenzen, da die Grundursache, aus der sie hervorgeht, auch keine Grenzen hat. Der Ungebildete, der sich von den Gegenständen, die seine Sinne beeindrucken, fortreißen läßt, kann götzendienerisch werden, und wird es meist. Er kann wohl zu dem Glauben gelangen, es gebe wirklich so viele Götter wie Götterbilder; — der Weise, der Philosoph, der Gebildete, verfällt diesem Irrtum nicht. Er weiß, wie Plutarch, daß die Orte und die Verschiedenheit der Namen nicht die verschiedenen Götter machen; daß Griechen und Barbaren, die Völker des Nordens und des Südens dieselbe Gottheit verehren[16]); er führt die Unendlichkeit der Attribute leicht auf die Einheit des Wesens zurück, und verehrt Gott, wie es heute noch die Überreste der alten Samanen tun, ohne Ansehen des Altars, des Tempels, des Ortes, überall wo er ihn findet[17]).

Die Schüler des Pythagoras vertraten dieselbe Anschauung. In den Gottheiten der Völker sahen sie die Attribute des unerfaßbaren Wesens, das sie nicht nennen durften. Ohne Widerstreben vermehrten sie die Menge der Attribute, deren unbegrenzbare Ursache sie kannten; sie verrichteten ihnen den vom Gesetz vorgeschriebenen Kult und führten gleichzeitig im Geheimen alles auf die Einheit zurück, die den Gegenstand ihres Glaubens bildete.

3. . . . . . . verehrend gedenke
   wohltätiger Helden, halbgöttlicher Geister.

Pythagoras betrachtete das Universum als ein lebendiges Ganzes, dessen einzelne Glieder, mit göttlichem Wesen und göttlichem Geist begabt, in besonderen, ihren Eigenschaften entsprechenden Sphären eingeordnet sind[18]). Er hat als Erster das griechische Wort Kosmos als Bezeichnung für dieses All gebraucht, um

26

die darin herrschende Schönheit, Ordnung und Regelmäßigkeit auszudrücken[19]).

Die Lateiner übersetzten dieses Wort mit mundus,
woraus das französische monde geworden ist. Aus dem
Wort unitas in der Bedeutung von Prinzip der Welt,
leitet sich das Wort Universum her. Pythagoras stellte
als Grundprinzip aller Dinge die Einheit auf. Aus ihr
sei eine unendliche Zweiheit hervorgegangen[20]). Das
Wesen dieser Einheit und die Art, in welcher die aus
ihr entspringende Zweiheit zuletzt wieder zu ihr zu-
rückkehrt, bildete den tiefsten Inhalt der Mysterien.
Den Schülern war es streng verboten, über diese heiligsten Grundlagen ihres Glaubens zu reden. Man legte
ihre Erklärung niemals schriftlich nieder, und vertraute sie nur den würdig Befundenen an[21]). Wo in den
heiligen Büchern die Gedankenverbindung ihre Er-
wähnung verlangte, bediente man sich der Symbole
und Zeichen, und wandte die Zahlensprache an. Diese
schon an sich sehr dunklen Bücher wurden mit größter
Vorsicht verborgen gehalten. Man suchte mit allen
Mitteln zu verhindern, daß sie Außenstehenden in die
Hände gerieten[22]). Ich kann nicht auf die Erörterung
des berühmten pythagoräischen Symbols: eins, zwei,
eingehen, ohne den Rahmen weit zu überschreiten, den
ich mir für die Erläuterung der goldenen Verse gesetzt
habe[23]), es genüge hier zu sagen, daß Pythagoras mit
der 1 Gott und mit der 2 die Materie bezeichnet, und
das Universum mit der Zahl 12 ausdrückt, die aus der
Vereinigung von 1 und 2 hervorgeht. Diese Zahl wurde
durch die Multiplikation der 3 mit der 4 gebildet; das
heißt, der Philosoph faßte das Weltall auf als aus drei
einzelnen Welten zusammengesetzt, die durch die vier
elementaren Modifikationen miteinander verbunden,
sich in zwölf konzentrischen Sphären entwickeln[24]).

Das unaussprechliche Wesen, Gott, erfüllt diese zwölf Sphären, keine von ihnen vermag ihn aber zu fassen. Pythagoras gibt ihm die Wahrheit zur Seele und das Licht zum Körper[25]). Die Geister, die diese drei Welten beleben, sind: die unsterblichen Götter im engeren Sinn, die verklärten Helden und die irdischen Dämonen. Die Götter sind direkte Emanationen des unerschaffenen Wesens und Manifestationen seiner unendlichen Kräfte. Sie wurden unsterblich genannt, weil sie dem göttlichen Leben nicht sterben, d. h. nie dazu gelangen können, ihren Vater zu vergessen und in der Nacht der Gottlosigkeit und Unwissenheit irre zu gehen. Dagegen sollten die Seelen der Menschen, aus denen, je nach dem Grad ihrer Reinheit, die verklärten Helden oder die irdischen Dämonen wurden, durch eigenmächtiges Entfernen von Gott dem göttlichen Leben sterben können, denn, nach Pythagoras, dem Plato hierin folgt, besteht der Tod des innersten geistigen Wesens in der Unwissenheit und Gottvergessenheit[26]). Ich übersetze das griechische δαίμονος nicht mit Dämon, sondern mit Geist, um den Begriff des Bösen zu vermeiden, den das Christentum mit ihm verbunden hat[27]).

Die Anwendung der Zahl 12 auf das Universum war keine willkürliche Erfindung des Pythagoras; er hat sie den Chaldäern und Ägyptern entlehnt[28]). Man findet sie fast bei allen Völkern der Erde, sie hat die Grundlage zu der Anordnung des Tierkreises gegeben. Deren Einteilung in zwölf Sternbilder ist überall seit undenklichen Zeiten anzutreffen[29]). Die Unterscheidung zwischen den drei Welten und deren Weiterentwicklung in konzentrischen Sphären, welche von Geistern verschiedenen Grades der Reinheit bewohnt sind, war gleichfalls vor Pythagoras bekannt; er hat diese Lehre in Tyrus, Memphis und Babylonien kennen gelernt und sie weiter verbreitet[30]). Es war die Lehre der Inder. Man findet noch heute bei den Burinanen die Einteilung aller erschaffenen Wesen in drei große Klassen, die wiederum in Unterabteilungen zerfallen. Jede von diesen enthält Wesen aller Gattungen, von den materiellen bis zu den geistigen hinauf, von den mit Empfindung begabten bis zu den intelligiblen[31]). Die Brahmanen zählen fünfzehn Sphären im Universum[32]); sie scheinen die drei ältesten, ursprünglichen Welten den zwölf konzentrischen Sphären, die sich aus ihnen entwickelt haben, hinzuzurechnen. Zoroaster, der auch die Lehre von den drei Welten annimmt, setzt die Grenzen der untersten Welt in den Wirbelkreis des Mondes. Dort endigt seiner Meinung nach die Herrschaft des Bösen und der Materie[33]), eine Anschauung, die uns überall entgegentritt, die allen Philosophen der alten Welt gemeinsam ist[34]) und auffallenderweise auch allen christlichen Theosophen[35]). Letztere können aber kaum aus Nachahmung zu ihr gelangt sein, dazu fehlten ihnen jedenfalls die Kenntnisse. Die Sekten des Basilides, des Valentinos und alle Gnostiker haben aus ihr das System der Emanationen geschöpft, dem in der alexandrinischen Schule große Bedeutung beigelegt worden ist. Diesem System zufolge sah man in der absoluten Einheit, oder Gott, die geistige Seele des Universums, den Urquell des Seins, das Licht der Lichter; man glaubte, diese, dem Erkennen unerreichbare, schöpferische Einheit habe eine Emanation von Licht hervorgebracht, die, vom Mittelpunkt des Kreises ausgehend, an Glanz und Reinheit einbüßte, je weiter sie sich von ihrer Quelle entfernt, bis sie zuletzt an den Enden der Finsternis angelangt, mit dieser verschmilzt; indem ihre divergierenden

Strahlen das Geistige immer mehr verlören und, von der Finsternis zurückgestoßen, sich schließlich dennoch mit ihr vereinigten, hätten sie sich verdichtet, materielle Form angenommen und so alle Wesen gebildet, die die Welt enthält. Dementsprechend nahm man zwischen dem höchsten Wesen und dem Menschen eine unendliche, vielgliederige Kette von Zwischenwesen an, deren Fähigkeiten im Verhältnis ihrer Entfernung von der schöpferischen Urkraft verkümmerten. Die Philosophen und Sekten, die dieser Anschauung einer geistigen Hierarchie huldigten, betrachteten die Zwischenwesen der Kette unter Gesichtspunkten, die ihrer eigenen Eigenart entsprachen. Die persischen Weisen sahen in ihnen Genien verschiedener Stufengrade, benannten sie nach den Eigenschaften, die sie am vollkommensten repräsentierten, und riefen sie unter diesen Namen an: Hieraus ist die Magie der Perser entstanden. Durch Tradition ist sie während der Zeit der babylonischen Gefangenschaft auf die Juden übergegangen, diese nannten sie Kabbala[36]). Bei den Chaldäern vermischte sich die Magie mit der Astrologie. Sie betrachteten die Sterne als belebte Wesen, als welche sie der universellen Kette der göttlichen Emanationen angehörten. Bei den Ägyptern verband die Astrologie sich mit den Mysterien der Natur und wurde in den Sanktuarien unter der äußeren Hülle der Symbole und Hieroglyphen gelehrt. Pythagoras faßte die geistige Hierarchie als geometrische Progression auf, und betrachtete die Wesen, aus denen sie besteht, unter dem Gesichtspunkt harmonischer Beziehungen. Die Gesetze des Universums begründete er durch Analogie auf die Gesetze der Musik. Er nannte die Bewegung der himmlischen Sphären Harmonie und bediente sich der Zahlen zur Bezeichnung der Eigenschaften und Beziehungen der Wesen und des von ihnen ausgehenden Einflusses. Hierokles erwähnt ein dem Pythagoras zugeschriebenes heiliges Buch, in welchem er die Gottheit die Zahl der Zahlen nennt[37]). Plato stellte diese Zwischenwesen als Ideen und Typen hin und suchte ihr Wesen zu ergründen. Synesios, der die Lehren des Pythagoras und des Plato in eine verschmolz, nennt Gott abwechselnd die Zahl der Zahlen und die Idee der Ideen[38]). Die Gnostiker gaben den Zwischenwesen den Namen Aeonen. Dieses Wort bezeichnet im Ägyptischen ein Willensprinzip, das sich durch eine ihm innewohnende Fähigkeit plastisch entwickelt; im Griechischen wird es zur Bezeichnung einer unendlichen Zeitdauer gebraucht[19]). In den Schriften des Hermes Trismegistos findet man die Ursache dieser veränderten Bedeutung. Er nennt die Eigenschaften Gottes, seine beiden Kräfte, den Verstand und die Seele, die der Aeonen aber die beständige Fortdauer und die Unsterblichkeit. Das Wesen Gottes sei das Gute und das Schöne, das Wesen der Aeonen bestehe in der Unveränderlichkeit[40]). Andere Philosophen, die es nicht befriedigte, die Wesen der himmlischen Hierarchie nach Ideen, Zahlen oder plastischen Willensprinzipien zu benennen, nannten sie Verben. Plutarch erwähnt an einer Stelle, daß die göttlichen Verben, Ideen und Emanationen ihren Wohnsitz im Himmel und auf den Sternen haben[41]). Philon nannte die Engel wiederholt die Verben, und Clemens von Alexandrien erzählt, die Valentinianer hätten die Aeonen so bezeichnet[42]). Nach Beausotres Bericht haben die Philosophen und Theologen in dem Bestreben, die rechte Bezeichnung für die körperlosen Wesen zu treffen, sie nach einzelnen ihrer Attribute oder nach ihren Wirkungen benannt: Geister in Bezug

31

auf die Subtilität ihrer Substanz; Intelligenzen nach ihrem Denkvermögen; Verben wegen der ihnen innewohnenden Vernunft; Engel nach ihren Ämtern; Aeonen nach ihrer Eigenart, ohne Wechsel und Veränderung stets die gleichen zu bleiben⁴³). Pythagoras nannte sie Götter, Helden und Dämonen⁴⁴) in Bezug auf ihre Rangordnung und die Stellung der von ihnen bewohnten drei Welten in der Harmonie des Kosmos. Diese kosmische Dreiheit bildete in ihrer Verbindung mit der schöpferischen Einheit die berühmte Vierzahl, die heilige Tetraktis, von der später die Rede sein wird.

Reinigung (Läuterung).

4. Ein guter Sohn, ein rechter Bruder sei, liebender Gatte und guter Vater.

Das Ziel der Lehre des Pythagoras bestand darin, die Menschen aufzuklären, von ihren Lastern zu reinigen, von ihren Irrtümern zu befreien, zum Guten und zur Wahrheit zurückzuführen; und wenn sie alle Grade der Einsicht und Erkenntnis durchmessen hatten, sie den unsterblichen Göttern gleich zu machen.

Seine Lehre zerfällt dementsprechend in zwei Teile: der eine beschäftigt sich mit der Reinigung, der andere mit der Einigung. Der erste sollte dem Menschen behilflich sein, sich von seinen Schlacken zu reinigen, aus dem Dunkel der Unwissenheit herauszutreten und zur Tugend zu gelangen; der zweite durch die erworbene Tugend sich mit der Gottheit zu vereinigen und mit ihrer Hilfe die Vollendung zu erreichen. In den goldenen Versen sind die beiden Teile deutlich von einander getrennt; Hierokles bespricht sie am Anfang seines Kommentars und bezeichnet sie mit den Worten Reinigung und Vollendung *(κάθαρσις καὶ τελειότης)* die ganze Lehre des Pythagoras sei in ihnen enthalten. Die Weisen und Chaldäer, von denen er seine Prinzipien übernommen hatte, bedienten sich eines parabolischen Satzes, um denselben Gedanken auszudrücken: durch das Feuer der göttlichen Liebe verbrennen wir den Dünger der Materie[45]. Eine anonyme Lebensbeschreibung des Pythagoras, die uns Photius überliefert hat, berichtet, seine Schüler hätten gelehrt, es gäbe dreierlei Wege, um zur Vollendung zu gelangen: indem man Umgang mit den Göttern pflege, das Gute nach ihrem Vorbild tue, und sich mit ihnen vereinige am Ende des irdischen Lebens[46]). Die drei ersten der goldenen Verse handeln von dem ersten Wege und beziehen sich auf den Kult, den man nach dem Gesetz und dem Glauben den Göttern, Heroen und Geistern verrichten soll. Der zweite Weg, die Reinigung, beginnt mit dem vierten Verse, der uns eben vorliegt. Der dritte, die Vereinigung mit der Gottheit, oder die Vollendung, beginnt mit dem 40. Vers meiner Übersetzung: „Es soll der Schlaf dir nicht die Lider schließen . . .‟ Meine Einteilung der Dichtung ist, wie ersichtlich, keine willkürliche; Bayle hat vor mir dieselbe Einteilung angenommen[47]).

Pythagoras beginnt den Teil seiner Lehre, der von der Reinigung handelt, mit der Einschärfung der natürlichen Pflichten, und weist den ersten Platz der Kindesliebe, Elternliebe und Gattenliebe zu. Es ist seine erste Sorge, die Bande des Bluts enger zu knüpfen, sie lieb und heilig zu machen; er gebietet den Kindern die Ehrfurcht, den Eltern die zärtliche Liebe, die Einigkeit allen Familiengliedern. Er folgt darin dem tiefen

Trieb, den die Natur allen fühlenden Wesen ins Herz
gelegt hat, und weicht mit voller Entschiedenheit von
jenen Gesetzgebern ab, die eine blinde Politik ver-
leitet, jene Beziehungen zu lockern und die Zuneigung,
die die Seele denen schenkt, die ihre erste Liebe besessen haben, auf einen Vernunftbegriff konzentrieren
wollen, den sie Vaterland nennen. Sie glauben, die
Menschheit auf diese Weise zu einem höheren Glück,
einer höheren Kraftentwicklung zu führen. Sie über-
sehen dabei, daß es kein Vaterland für denjenigen gibt,
der keinen Vater hat, und daß die Pietät und Liebe,
die der reife Mann für die Stätten seiner Kindheit
empfindet, ihren Grund und ihre Kraft aus den Gefühlen schöpfen, die er als Kind für seine Mutter
empfand. Jeder Wirkung liegt eine Ursache zu Grunde,
jeder Bau ruht auf einem Fundament: die wahre Ursache der Vaterlandsliebe ist die mütterliche Liebe,
das einzige Fundament des sozialen Baues bilden die
väterliche Gewalt und die kindliche Ehrfurcht. Aus
dieser entspringt auch die Anhänglichkeit an den
Herrscher, der in jedem gut organisierten Staat als
Vater des Volks betrachtet wird und das Recht auf
den Gehorsam und die Ehrfurcht seiner Kinder besitzt.
Hier möchte ich einen Vergleich mit dem Standpunkt
des Moses in dieser Frage anstellen. Er hat die gleiche
Schule durchgemacht wie Pythagoras. In dem Deka-
log, der die Summe der Gesetze enthält, verkündet er
zuerst den einigen Gott und empfiehlt ihn der Verehrung seines Volkes an; dann stellt er als erste Pflicht
oder Tugend die kindliche Liebe auf: ,,Du sollst", sagt
er, ,,deinen Vater und deine Mutter ehren, auf daß es
dir wohl gehe in dieser Heimat des Adam, die Jehovah,
dein Gott, dir gegeben hat"[48]).
Der Gesetzgeber der Hebräer stellt dem Gebot die

Belohnung zur Seite; er erklärt ausdrücklich, daß die kindliche Liebe ein langes Leben mit sich bringt. Nun ist darauf zu achten, daß Moses in seiner Lehre nur die reinigende Seite bringt; die einigende zu erfassen hielt er sein Volk ohne Zweifel nicht für fähig. Er spricht ihm nirgends von der Unsterblichkeit, die mit ihr zusammenhängt und ihre Folge ist. Er begnügt sich, ihm den Genuß irdischer Güter zu versprechen, und stellt unter diesen ein langes Leben an den vornehmsten Platz. Die Geschichte der Völker beweist, daß Moses mit tiefer Einsicht von den Ursachen spricht, auf denen sich die Dauer der Reiche gründet. Die kindliche Liebe ist die Nationaltugend der Chinesen, das heilige Fundament, auf welchem das soziale Gebäude des größten und ältesten der Völker der Welt ruht⁴⁹). Seit mehr als viertausend Jahren ist diese Tugend für China das gewesen, was für Sparta und Rom die Liebe zum Vaterland war. Sparta und Rom sind untergegangen, trotz des Fanatismus, der ihre Kinder beseelte, und das chinesische Reich, das vor ihrer Gründung bereits zweitausend Jahre bestand, steht noch weiter zweitausend Jahre nach ihrem Fall. Daß China sich hat erhalten können durch die Sturzwellen von tausend Revolutionen hindurch, sich aus den eigenen Schiffbrüchen hat retten können, über seine eigenen Niederlagen triumphieren, verdankt es der moralischen Kraft, die aus dieser Tugend geboren ist, und die mit heiligem Feuer alle beseelt, von dem niedrigsten Bürger bis zum Sohn des Himmels auf dem kaiserlichen Stuhl. In ihrer Natur liegt zugleich ihre Nahrung und dasjenige, was ihre Dauer verewigt. Der Kaiser ist der Vater des Staats; zweihundert Millionen Menschen, die sich als seine Kinder betrachten, bilden seine Familie; welche menschliche

Kraft könnte es fertig bringen, diesen Koloß nieder-
zuringen ?[50])

5. Den Freund der Tugend wähl' zu deinem Freund;
   Folg' seinem treuen Rat und lern' aus seinem Leben,
   Ein leichtes Unrecht soll euch nicht entzwei'n.

Von den Pflichten, die direkt aus der Natur entspringen, geht Pythagoras nun zu jenen über, die aus
dem gesellschaftlichen Zusammenleben hervorgehen:
auf die kindliche Liebe, die Eltern- und die brüderliche
Liebe folgt unmittelbar die Freundschaft. Es ist eine
sinnvolle Unterscheidung, die er hier macht: man ehre
die Eltern, man wähle den Freund. Aus folgenden
Gründen: die Natur bestimmt unsere Geburt; sie gibt
uns Vater, Mutter, Verwandtschaftsbeziehungen, eine
Stelle auf der Erde, einen Platz in der Gesellschaft.
Das alles hängt nicht von uns ab; die große Menge
sieht darin das Spiel des Zufalls, für den Pythagoräer
aber sind es die Folgen einer früheren und höheren
Ordnung, die er Glück oder Notwendigkeit nennt.
Dieser Natur, die unter dem Zwang steht, stellt Pythagoras eine freie Natur gegenüber; sie wirkt auf die
Dinge, die bedingt sind, wie auf einen rohen Stoff,
gestaltet ihn, und zieht aus ihm gute oder böse Resultate nach eigenem Gefallen. Diese zweite Natur wurde
das Vermögen oder der Wille genannt: sie ist es, die
das Leben des Menschen regelt, sie leitet seine Lebensführung auf der Grundlage, die ihm die erste Natur
mitgegeben hat. Notwendigkeit und Willen sind nach
Pythagoras die beiden sich entgegenstehenden, bewegenden Kräfte in der sublunarischen Welt, in die der
Mensch gebannt ist. Beide ziehen ihre Kräfte aus einer
höheren Ursache, die die Alten Nemesis nannten[51]), dem
Beschluß letzten Grundes, den wir Vorsehung nennen.

Pythagoras erkennt also in Bezug auf den Menschen bedingte Dinge und freie Dinge an, je nachdem sie von der Notwendigkeit oder von dem Willen abhängig sind: die Kindesliebe ordnete er in die ersteren ein, die Freundschaft in die zweiten. Die Eltern kann der Mensch sich nicht nach eigener Wahl nehmen, er soll sie verehren so wie sie ihm gegeben sind, und alle natürlichen Pflichten ihnen gegenüber erfüllen, auch wenn sie unrecht an ihm handeln; nichts aber zwingt ihn, Freundschaft zu geben, er schuldet sie nur demjenigen, der durch seine Hingabe an das Gute sich ihrer würdig erweist.

Lassen Sie uns hier einen wichtigen Punkt näher betrachten. In China, wo die Kindesliebe als Wurzel aller Tugenden angesehen wird und die Grundlage aller Unterweisung bildet[52]), wird ihre Ausübung bedingungslos verlangt. Für den chinesischen Gesetzgeber ist ein Verstoß gegen dieses Gebot das schwerste Verbrechen, in seinen Augen kann nur ein guter Sohn ein guter Vater sein, und die sozialen Bande, die auf dieses Fundament gegründet sind, die einzigen unzerreißbaren[53]); denn diese Tugend umfaßt alle, vom Kaiser bis zu dem geringsten seiner Untertanen; sie hat für ein Volk dieselbe Bedeutung, die die Regelmäßigkeit der himmlischen Bewegungen für den Weltraum besitzt. In so weitgehendem Sinn konnte aber diese Lehre in Griechenland und Italien nicht gelehrt werden, denn sie entsprach nicht der Auffassung des Staats. Die väterliche Autorität hatte bereits in einigen Teilen Griechenlands ein zu großes Übergewicht erlangt. Darum haben die Schüler des Pythagoras, von der Verschiedenheit bedingter und freiwilliger Handlungen ausgehend, in dieser Beziehung die Unterscheidung gemacht: man solle Vater und Mutter ehren, ihnen in allen weltlichen und das Körperliche betreffenden Dingen gehorchen, nicht aber ihnen die Seele preisgeben[54]); in allem aber, was er nicht von den Eltern erhalten habe, betrachte das göttliche Gesetz den Menschen als unabhängig von ihnen und erkläre ihn frei von der elterlichen Gewalt. Pythagoras befürwortete diese Anschauung. Die hohe Auffassung, die er von der Freundschaft hatte, geht aus seinem Gebot hervor, den Freund unter den Tugendhaftesten zu erwählen, sich durch ihn belehren zu lassen und seinem Rat zu folgen. „Freunde", sagt er, „sind Reisegefährten, die sich gegenseitig helfen sollen auszuharren auf dem Wege zur Vervollkommnung"[55]). Von ihm stammt auch das schöne, oft wiederholte und selten verstandene Wort, das Alexander der Große so tief gefühlt und an der rechten Stelle auszusprechen verstanden hat: „Mein Freund ist mein zweites Ich"[56]). Und wieder ist es Pythagoras, dem Aristoteles die Definition entlehnt: der wahre Freund ist eine Seele in zwei Körpern[57]). Es ist aber Theorie bei ihm, nicht Praxis; als er einmal eine Rede über die Freundschaft hielt, ließ er sich zu dem Ausruf hinreißen: „Meine Freunde, es gibt keine Freunde[58])". Pythagoras verstand unter Freundschaft nicht eine persönliche, natürliche Zuneigung; er faßte sie als allgemeines Wohlwollen auf, das sich auf die Menschen im allgemeinen erstrecken soll, insbesondere auf die guten[59]). Diese Tugend nannte er Philanthropie. Es ist dieselbe, die unter dem Namen Caritas der christlichen Religion zum Grundpfeiler dient. Jesus stellte sie für seine Jünger unmittelbar hinter die Gottesliebe, auf gleiche Stufe mit der Pietät. Zoroaster weist ihr die Stelle nach der Aufrichtigkeit zu[61]); der Mensch soll rein sein in Gedanken, Worten und Taten, die Wahrheit reden und den Menschen Gutes tun. Auch Konfucius setzt die Freundschaft gleich nach der Liebe zu den Eltern[62]). Er sagt: ,,Die ganze Moral besteht in der Beobachtung der drei Grundgesetze über die Beziehungen zwischen Herrscher und Volk, Eltern und Kindern und zwischen den Gatten, und in der Übung der fünf Haupttugenden, deren vornehmste die Menschenfreundlichkeit ist, d. h. jene Liebe zu allen, jene Ausdehnung der Seele, die ohne Unterschied den Menschen an die Menschen bindet".

6. So weit du's kannst: mit fester Kette schmiedet
   Das Können an Notwendigkeit ein streng Gesetz.

Hier liegt der Beweis für die Behauptung, daß Pythagoras in den menschlichen Handlungen zwei bewegende Kräfte am Werk sah: die erste, aus einer bedingten Natur, einem Zwang, hervorgehend, nennt er Notwendigkeit; die zweite entspringt einer freien Natur, es ist das Vermögen oder der Wille. Beide sind einem tieferen, in ihnen liegenden Gesetz unterworfen. Pythagoras hat diese Lehre von den alten Ägyptern übernommen. ,,Hinsichtlich seines Körpers ist der Mensch sterblich", lehrten sie, ,,sein seelischer Teil ist unsterblich; er ist das Wesentliche im Menschen. Das Unsterbliche in ihm hat Macht über alle Dinge; mit dem materiellen und sterblichen Teil ist er dem Schicksal unterworfen."[63])
Diese wenigen Worte zeigen, daß die Weisen des Altertums dem Schicksal nicht den alleinigen Einfluß zuerkannten, den spätere Philosophen, vor allen die Stoiker, ihm gegeben haben; sie schrieben ihm nur den Einfluß auf die Materie zu. Die Philosophen der Halle, d. i. die Stoiker (Stoa), definieren ihn als eine Verkettung von Ursachen, durch welche die Ver-

gangenheit stattgefunden hat, das Gegenwärtige ist, das Zukünftige sich verwirklichen wird[64]), besser noch, als die Regel des Gesetzes, welches das Universum regiert[65]). Sie scheinen das Schicksal mit der Vorsehung zu verwechseln und Ursache und Wirkung nicht auseinanderhalten zu können, denn diese Definition könnte nur für das Grundgesetz Geltung haben, nicht für das Schicksal, das ein Ausfluß desselben ist. Diese Unklarheit in den Worten mußte einen Umsturz in den Ideen zur Folge haben, und hat zu den schlimmsten Resultaten geführt[66]). Da, nach dem System der Stoiker, nichts imstande ist, die Verkettung von Gütern und Übeln zu verändern oder zu zerreißen, wurde daraus gefolgert, daß das Universum der Gewalt eines blinden Verhängnisses unterliegt und jede Handlung vorherbestimmt ist; geschieht sie aber unter einem Zwang, so ist sie an sich indifferent, Gutes und Schlechtes, Tugend und Laster also bloße Worte, Dinge, die nur in relativen Begriffen bestehen.

Diese bedenklichen Schlußfolgerungen hätten die Stoiker vermieden, wenn sie, wie Pythagoras es tut, die zwei Beweggründe, Notwendigkeit und Vermögen, angenommen hätten, statt die Notwendigkeit unter der Bezeichnung Geschick zur absoluten Alleinherrscherin des Universums zu machen; sie brauchten ihr nur die Macht des Willens zur Ausgleichung gegenüberzustellen, und ihre Abhängigkeit von der Macht der Vorsehung anzuerkennen, aus der alles hervorgeht. Auch die Schüler Platos wären manchen Irrtümern entgangen, hätten sie die Verkettung der beiden sich entgegengesetzten Prinzipien, auf der das Gleichgewicht des Alls beruht, richtig verstanden; durch falsche Auslegung der Lehre ihres Meisters über die Seele der Materie glaubten sie, diese Seele sei eben

jene Notwendigkeit, durch die sie regiert wird[67]). Da
diese Seele, ihrer Meinung nach, an der Materie klebt,
und darum schlecht an sich sein müsse, verleihe sie dem
Schlechten eine notwendige Existenz. Eine gefährliche
Lehre, denn sie macht die Welt zum Schauplatz eines
endlosen Kampfes zwischen der Vorsehung, als dem
Prinzip des Guten, und der Seele der Materie, als dem
Prinzip des Bösen! Die Stoiker hingegen verfielen in
den entgegengesetzten Fehler. Sie verwechselten die
freie Macht des Willens mit der göttlichen Vorsehung
und erhoben sie zum Prinzip des Guten. Dadurch
kamen sie in die Lage, zwei Seelen in der Welt annehmen zu müssen, eine, die das Gute wirkt, Gott,
und eine, die das Böse hervorbringt, die Materie.
Dieses System ist von verschiedenen berühmten Män-
nern des Altertums gutgeheißen worden; Beausobre
versichert uns, es sei das am weitesten verbreitete
gewesen[68]). Sein großer Nachteil liegt darin, daß es
die Existenz des Bösen als notwendig anerkennt und
ihm damit ein unabhängiges und ewiges Dasein zu-
gesteht. In seiner Kritik des Systems des Manes beweist aber Bayle sehr überzeugend, daß zwei entgegengesetzte, gleich ewige, von einander unabhängige Prinzipien nicht existieren können, wenn, wie die Mani-
chäer ausdrücklich behaupteten, ein Wesen existiert,
das sein Dasein aus sich selbst zieht und ewig und notwendig ist; denn ein solches muß auch einzig sein,
unendlich, allmächtig und vollkommen[69])
Es bleibt übrigens dahingestellt, ob Plato selbst diese
ihm von seinen Schülern zugeschriebene Ansicht teilte.
Er war weit davon entfernt, die Materie als unabhängiges, notwendiges, von einer durchaus schlechten
Seele belebtes Wesen anzusehen; er scheint sogar an
ihrer Existenz zu zweifeln, sie als absolutes Nichts zu

betrachten, und nennt die Körper, die sie hervorbringt, equivoque Wesen, welche die Mitte halten
zwischen dem was immer und dem was überhaupt
nicht existiert[70]). Er bezeugt ebenso eine Schöpfung
der Materie, als er ihre Existenz leugnet[71]). Durch diese
Widersprüche gelang es seinen Gegnern, ihn zu schlagen. Auch Plutarch faßt sie als Widersprüche auf, und
sagt zur Entschuldigung des großen Philosophen, er
habe absichtlich irreführen wollen, um ein Geheimnis
zu verhüllen; es sei nicht anzunehmen, daß ein Geist
wie der seine, zwei Gegensätze als ein und dasselbe
habe ansehen können[72]). Dieses Geheimnis, das Plato
— er läßt es deutlich durchblicken[73]) — zu verbergen
sucht, ist der Ursprung des Bösen. Er gesteht, er habe
niemals seine wahren Gedanken darüber schriftlich
niedergelegt und beabsichtige auch nicht, es je zu tun.
Was also Chalcidius und später Dacier als Lehre Platos
inbezug auf diesen Punkt aufgestellt haben, ist bloße
Vermutung oder künstlich herangezogene Konsequenzen. Es wird häufig mit den Schriften großer Männer
in der Weise verfahren, daß ein beliebiger Satz in will-
kürlicher und einseitiger Art zur Unterstützung
eigener Ideen ausgenutzt wird. Besonders häufig ist
es dem Manes so ergangen. Man hat seine Lehre von
den zwei Prinzipien verurteilt, ohne sie recht zu kennen. Bizarre und lächerliche Folgerungen seiner Gegner aus einigen doppelsinnigen, schwer verständlichen
Sätzen, wurden ihm selbst in den Mund gelegt[74]). Es
ist durchaus nicht erwiesen, daß Manes zwei entgegengesetzte, von einander unabhängige, ihr eigenes und
absolutes Dasein in sich tragende Prinzipien des Guten
und des Bösen angenommen hat, denn Zoroaster,
dessen Lehre er hauptsächlich folgt, gibt sie nicht als
solche zu. Zoroaster betrachtet beide als einem höhe-

ren Grunde entsprungen, über das Wesen dieser Grundursache aber schweigt er sich aus[75]). Ich neige eher zu der Ansicht, daß die christlichen Gelehrten bei der Wiedergabe der Gedanken des bedeutenden Häretikers, durch Haß und Unwissenheit verblendet, sie uns in veränderter Gestalt übermittelt haben, genau so wie die Platoniker, in den eigenen Ansichten befangen, die ursprüngliche Idee des Gründers der Akademie entstellt wiedergegeben haben. Der Irrtum beider Teile bestand darin, als absolute Wesen zu nehmen, was Zoroaster und Pythagoras, Plato und Manes als Emanationen, als Resultate, als Kräfte oder als bloße Abstraktionen des Denkvermögens auffaßten. Dementsprechend sind Ormuzd und Ahriman, Wille und Notwendigkeit, Derselbe und der Andere, Licht und Finsternis, im Grunde dieselben Begriffe, verschieden ausgedrückt, verschieden verstanden, ihr Ursprung aber ist immer der gleiche, und sie sind ein und derselben Grundursache des Universums unterstellt.

Chalcidius behauptet also wohl mit Unrecht, daß Pythagoras den Satz aufgestellt habe, die Existenz der Übel sei notwendig[76]), weil die Materie an sich schlecht sei. Pythagoras hat nie gesagt, daß die Materie ein absolutes Dasein hat und ihr Wesen aus dem Schlechten bestehe. Hierokles, der die Lehren des Pythagoras und des Plato eingehend erforscht hat, widerspricht der Annahme, sie hätten die Materie als ein durch sich selbst existierendes Sein aufgefaßt. Er bezeugt vielmehr, Plato habe, den Spuren des Pythagoras folgend, gelehrt, die Welt sei aus dem Nichts erschaffen worden, und seine Anhänger irrten, wenn sie glaubten, er habe eine unerschaffene Materie anerkannt[77]). Das Vermögen und die Notwendigkeit, von denen die Verse handeln, die uns eben beschäftigen,

43

sind nicht die letzten Quellen des Guten und Bösen. Die Notwendigkeit an sich ist nicht schlecht, ebensowenig wie das Vermögen an sich gut ist. Von dem Gebrauch, den der Mensch von ihnen macht, von ihrer Anwendung, die durch die Klugheit oder die Unwissenheit, durch die Tugend oder das Laster bestimmt wird, geht das Gute oder das Böse hervor. Homer drückt dieses in einer schönen Allegorie aus, in welcher er Kronion, den Gott der Götter, in dem Augenblick darstellt, in welchem er gleichmütig die Quellen des Guten und des Bösen öffnet und ihre Fluten auf das Universum sich ergießen läßt:

> Denn es steh'n zwei Fässer gestellt an der Schwelle Kronions,
> Voll das eine von den Gaben des Wehs, das andere des Heiles[78]).

Wer diesen Gedanken zurückweist, hat nicht eingehend über die Vorrechte und Aufgaben der Poesie nachgedacht, die darin bestehen, das Allgemeine zu partikularisieren und als geschehen hinzustellen, was geschehen sollte. Nicht der Akt, sondern das Vermögen, die Kraft des Guten und Bösen, gehen von Kronion aus, d. h. dieselbe Sache, verbildlicht in Kronion oder dem Ursprung des Willens und des Geistes, wird gut oder böse, je nach der Anwendung, die die einzelne individuelle Grundkraft des Willens und des Verstandes davon macht[79]). Der Mensch aber verhält sich zu dem Wesen, das Homer Kronion nennt, wie der Einzelne zum Universum[80]).

7. Wenn Leidenschaft dich packt: dir ist die Macht gegeben
   Zu kämpfen und zu siegen, darum lerne sie zu beherrschen.

Lysis tritt hier mit voller Bestimmtheit dem gefährlichen Dogma von dem unabwendbaren Verhängnis dadurch entgegen, daß er die Herrschaft des Willens über die Leidenschaften feststellt. Er mag befürchtet haben, man könne falsche Schlüsse aus dem, was er gesagt hatte, ziehen, und dem Einfluß des Unvermeidlichen auf die Handlungen der Menschen eine zu allgemeine Bedeutung beilegen. Die Herrschaft des Willens über die Leidenschaften ist das Fundament, auf dem sich, nach der Lehre des Pythagoras, die Freiheit des Menschen aufbaut, denn nach seiner Ansicht ist nur derjenige frei, der sich zu beherrschen versteht[81]), das Joch der Leidenschaften aber drückender und schwerer abzuschütteln als die grausamste Tyrannei. Hierocles berichtet, Pythagoras habe nicht geboten, die Leidenschaften auszurotten, wie die Stoiker vorschreiben, man solle sie nur überwachen und ihre Maßlosigkeit dämpfen, denn jede Maßlosigkeit sei verderblich[82]). Er hält sie sogar für nützlich; wenn sie auch aus der Notwendigkeit entspringen und von einem unwiderstehlichen Geschick gesandt sind, so sei doch der Gebrauch, den man von ihnen macht, dem freien Vermögen des Willens unterworfen. Auch Plato hat diese Wahrheit erkannt; er hat es in seinen Schriften wiederholt deutlich zum Ausdruck gebracht, besonders in dem zweiten Dialog des Hippias; er beweist dort, anscheinend absichtslos, aber zur Evidenz, daß der Mensch nur durch die Macht seines Willens gut oder schlecht, tugendhaft oder lasterhaft, wahrhaftig oder unwahr ist; daß die Leidenschaft, die ihn zum Guten oder zum Schlechten führt, an sich keine dieser beiden Eigenschaften in sich trägt; der Mensch also nur schlecht ist, weil er die Fähigkeit besitzt, gut sein zu können, und gut, weil er die Fähigkeit hat, schlecht zu sein.

Kann aber der Mensch gut oder böse sein aus eigener Wahl? Wird er nicht unwiderstehlich zum Laster oder zur Tugend hingezogen? Diese Frage hat alle denkenden Menschen auf dem ganzen Erdenrund beschäftigt und größere und kleinere Stürme hervorgerufen. Beachtenswert ist, daß vor der Einführung des Christentums, bei dem die Lehre von der Erbsünde die Grundlage aller Dogmen bildet, kein einziger Religionsstifter und kein berühmter Philosoph die Freiheit des Willens ausdrücklich abgeleugnet hat. Keiner hat deutlich gelehrt, daß der Mensch mit Notwendigkeit zum Bösen oder zum Guten berufen, zum Laster oder zur Tugend, zum ewigen Unglück oder zur ewigen Glückseligkeit vorherbestimmt sei. Dieses grausame Verhängnis scheint allerdings als notwendige Konsequenz aus ihren Prinzipien hervorzugehen. Wiederholt ist ihnen von ihren Gegnern dieser Vorwurf gemacht worden. Aber die meisten unter ihnen haben ihn entrüstet zurückgewiesen als eine falsche Interpretation ihres Systems. Der Erste, gegen den diese Beschuldigung erhoben wurde, war ein gewisser Moschus, ein phönizischer Philosoph, der, nach Strabo, vor der Zeit des trojanischen Krieges, ungefähr zwölf oder dreizehn Jahrhunderte vor unserer Zeitrechnung gelebt hat[83]. Dieser Philosoph hatte sich von der Theosophie, der einzigen damals bekannten Lehre, abgewandt und suchte den Grund der Dinge in den Dingen selbst zu ergründen. Er ist als der eigentliche Begründer der Physik zu betrachten. Die Gottheit und den Geist beiseite setzend, lehrte er, das Universum bestehe durch sich und sei aus unteilbaren Partikeln zusammengesetzt; diese, mit verschiedener Gestalt und Bewegung begabt, hätten durch zufällige Verbindungen eine unendliche Reihe von Wesen hervorgebracht, welche fortwährend weiter erzeugten, sich vernichteten und sich erneuerten. Diese Partikel wurden von den Griechen wegen ihrer Unteilbarkeit Atome[84]) genannt; sie bildeten die Grundlage des Systems, das nach ihnen benannt wurde. Leukipp, Demokrit, Epikur nahmen es an und erweiterten es. Lukretius bürgerte es bei den Römern ein, von denen es zu uns gelangt ist. Die meisten unserer Philosophen haben es dann nur in eine andere, neue Form gekleidet[85]). Es gibt sicher kein System, aus dem die verhängnisvolle Notwendigkeit alles Geschehens so unabweisbar hervorgeht, wie aus dieser Lehre von den Atomen. Man hat Demokrit auch tatsächlich den Vorwurf gemacht, er habe ein unvermeidliches Geschick angenommen[86]), obgleich er, wie Leibniz, jedem Atom Leben und Empfindungsfähigkeit zuspricht[87]). Es ist nicht bekannt, ob er auf diesen Angriff geantwortet hat, wir haben nur sichere Beweise, daß Epikur, der dazu weniger berechtigt gewesen wäre, weil er die Atome als leblos betrachtet[88]), die gleiche Beschuldigung zurückwies, die Freiheit des Menschen lehrte[89]) und gegen Demokrit auftrat, denn er wollte einer Lehre nicht zustimmen, die zum Umsturz aller Moral führen mußte. Diese Fatalität, die mit dem atomistischen System zusammenzuhängen scheint, deren materialistische Anhänger den Einfluß der göttlichen Vorsehung, ihren Prinzipien getreu, ausschalten[90]), geht merkwürdiger Weise aus dem entgegengesetzten System noch weit mehr hervor. Trotzdem wird die Macht der Vorsehung von ihren spiritualistischen Vertretern in ihrem ganzen Umfang anerkannt. Diesem System zufolge ist das Universum erfüllt von einer einzigen, gleichen, geistigen Substanz; ihre verschiedenen Modifikationen sind es, die alle Phänomene hervorbringen, welche die Sinne beeindrucken. Parmenides, Melissus und Zeno, der Eleate, huldigten dieser Anschauung und haben sie mit Erfolg aufrecht gehalten. Sie behaupteten, die Materie sei eine bloße Illusion, die Dinge ein Nichts, die Körper und ihre Akzidenzien nur scheinbar; nichts existiere in Wirklichkeit außer dem Geist[91]). Zeno insbesondere, der die Existenz der Bewegung leugnet, bringt schwer zu widerlegende Gründe für diese Behauptung vor. Die Stoiker schlossen sich mehr oder weniger seiner Meinung an. Chrysipp, eine der festesten Stützen der Halle, lehrte, Gott sei die Seele der Welt, und die Welt die universelle Ausdehnung dieser Seele. Unter Zeus habe man das ewige Gesetz zu verstehen, das unabwendbare Geschick, die unverrückbare Wahrheit aller künftigen Dinge[92]). Hat aber, wie Seneca es klar und deutlich ausspricht, das eine und alleinige Prinzip des Universums anbefohlen, seinem Gebot stets Gehorsam zu leisten[93]), so können die Stoiker den Vorwurf, den man ihnen gemacht hat, sie hätten in absoluter Weise ein unvermeidliches Geschick angenommen, nicht zurückweisen. Denn in ihren Augen ist die menschliche Seele ein Teil der Gottheit; ihre Handlungen können von keinem außerhalb Gott liegenden Grunde abhängig sein, er ist es, der sie gewollt hat[94]). Trotzdem weist Chrysipp, wie Epikur, den Vorwurf zurück; er hält stets an der Freiheit des Menschen fest, auch wenn er die unwiderstehliche Macht der Grundursache zugibt[95]), und lehrt — ein offensichtlicher Widerspruch —, daß die Seele nur unter dem Antrieb des eigenen Willens sündigt; keiner könne sich auf das Schicksal berufen, um seine Fehler zu entschuldigen[96]). Überlegt man aber, was Epikur sowohl wie Chrisipp, ihre Vorgänger und ihre Nachfolger über diesen Punkt gesagt haben, so muß man zugeben, daß die Gegner zu ihren Folgerungen durchaus berechtigt waren und daß die Stoiker ihre Einwände nicht zurückweisen konnten, ohne sich selbst zu widersprechen[97]). Will man das Universum nur auf eine einzige, entweder rein materielle oder rein spirituelle Natur gründen, und aus dieser die Erklärung aller Phänomene herleiten, so setzt man sich unüberwindlichen Schwierigkeiten aus. Alle solche Systeme sind stets zusammengebrochen, wenn man die Frage nach dem Ursprung des Guten und Bösen gestellt hat; so ist es allen ergangen, von Moschus, Leukipp und Epikur bis zu Spinoza und Leibniz, von Parmenides, Zeno und Chrysipp bis zu Berkeley und Kant. Denn man täusche sich nicht: die Lösung des Problems von dem freien Willen ist abhängig von der Erkenntnis des Ursprungs des Bösen. So lange man nicht die Frage: woher stammt das Böse? klar beantworten kann, wird man auch nicht die Antwort auf die Frage finden, ob der Mensch frei ist. Es ist aber diese Erkenntnis von dem Ursprung des Bösen — wenn sie überhaupt jemals gefunden worden ist — niemals öffentlich bekannt gegeben worden. Zugleich mit der Lehre von der Einheit der Gottheit hielt die Antike sie tief verborgen in ihren Mysterien und zeigte sie nur unter einem dreifachen Schleier. Den Eingeweihten war streng anbefohlen, über das zu schweigen, was sie die Leiden des Gottes[98]), seinen Tod, seine Niederfahrt zum Totenreich und seine Auferstehung nannten[99]). Sie wußten, daß das Böse meistens unter dem Symbol der Schlange dargestellt wurde, und daß Python unter ihrer Gestalt den Apoll zerrissen und besiegt hatte[100]). Die Teosophen haben die Einheit Gottes nicht öffentlich gelehrt, um die Erklärung von dem Ursprung des Bösen nicht abgeben zu müssen, denn ohne diese Erklärung wäre das Dogma nicht verständlich gewesen. Das hat auch Moses begriffen. Um dem Volk, dessen Gesetzgeber er war, einen außergewöhnlichen und unauslöschlichen Charakter zu verleihen, gründete er den Kult auf die offene Kundgebung eines Dogmas, das bisher in der Tiefe der Sanktuarien den Eingeweihten vorbehalten war, und zögerte nicht, ihnen bekannt zu geben, was er über die Erschaffung der Welt und den Ursprung des Bösen wußte. Er verhüllte unter einer scheinbaren Einfachheit und Klarheit die unergründliche Tiefe. Die Form, die er diesem gefährlichen Geheimnis lieh, genügte, um bei der großen Menge das Dogma von dem einen Gott zu betonen, und das war es, was er bezweckte.

Es liegt im Wesen der Physik, skeptisch, in dem der Theosophie, dogmatisch zu sein. Der Physiker wendet sich nämlich an den Verstand, und der Theosoph an den Glauben. Die Lehre des Einen schließt die Diskussion aus, die das System des Andern zugibt und sogar verlangt. Die Theosophie beherrschte zu jener Zeit die Welt, sie lehrte den Einfluß des Willens; in ihrer uralten Tradition lag schon die Kraft einer Demonstration. Überall hatten die Religionsstifter die Freiheit des Menschen mit dem trostreichen Dogma von der göttlichen Vorsehung verknüpft; Krishna bei den Indern, Zoroaster bei den Persern, in China Konfuzius, in Ägypten Thaôt (Thot), bei den Griechen Orpheus, und weit im Norden, in Skandinavien, Oddin[101]). Die polytheistischen Völker, gewohnt die Mannigfaltigkeit, nicht die Einheit der Gottheit zu verehren, fanden nichts Seltsames darin, geleitet, beschützt und überwacht zu werden, während ihnen gleichzeitig volle Bewegungsfreiheit gelassen wurde.

Sie fragten nicht nach der Quelle des Guten und Bösen, denn sie glaubten sie in den Gegenständen ihres Kults zu sehen, in den Göttern, die weder durchaus gut, noch durchaus schlecht waren. Sie waren in ihren Augen die Eingeber der Tugenden und Laster; es stand ihnen frei, diese anzunehmen oder abzulehnen, und so der Belohnung oder der Strafe teilhaftig zu werden[102]).

Das aber änderte sich vollständig mit dem Eintritt der Physik. Die Physiker setzten die Naturbeobachtung und die Erfahrung an die Stelle der geistigen Kontemplation und der Inspiration der Theosophen und meinten, das Übersinnliche wahrnehmbar machen zu können; sie versprachen, alles, was bisher nur auf Gefühlsbeweisen und Analogien beruht hatte, durch Tatsachenbeweise und Vernunftschlüsse zu begründen. Sie zogen das große Mysterium der universellen Einheit in die Öffentlichkeit, verwandelten die intellektuelle Einheit in eine körperhafte Substanz, und versetzten sie in das Wasser[103]), in den unendlichen Raum[104]), in die Luft[105]) und in das Feuer[106]); aus diesen sollte dann Wesen und Form aller Dinge herzuleiten sein. Diejenigen, welche der ionischen Schule angehörten, stellten den Grundsatz auf, es gäbe nur ein einziges Prinzip, die Anhänger der Eleatischen Schule gingen von dem Satz aus: Nichts wird aus nichts und nichts vergeht zu nichts[107]). Erstere fragten nach dem Wie?, letztere nach dem Warum? der Dinge. Gemeinsam hielten beide daran fest, daß keine Wirkung ohne Ursache denkbar sei. Anfangs von großem Erfolg begleitet, ging ihr Einfluß bedeutend zurück, als die Schüler des Pythagoras und später die des Sokrates und Plato, auf dem Boden der theosophischen Tradition fußend, ihnen die Frage nach

dem Grund der physischen und moralischen Übel vor-
legten. Sie bewiesen ihnen, daß sie diesen Grund nicht
kannten; daß ihr System sie zu der Annahme eines
absoluten Geschicks führen mußte, das die Freiheit
des Menschen aufhebt, und indem es seinen Handlungen die Moralität nimmt, zwischen Laster und
Tugend, Unwissenheit und Weisheit keinen Unterschied macht, und das Universum in ein sinnloses
Chaos verwandelt. Wiesen sie die Vorwürfe zurück als
falsche Schlußfolgerungen, so wurden sie von ihren
Gegnern auf dem eigenen Boden weiter verfolgt. Sie
riefen ihnen zu: ist euer Grundprinzip gut, woher
kommt es denn, daß die Menschen schlecht und unglücklich sind?[108]) Ist das Prinzip schlecht, woher
stammen dann die Güter und die Übel?[109]) Ist die
Natur der Ausdruck eures Prinzips, warum ist sie dann
nicht beständig, warum säet sie beides, Güter und
Übel, auf ihr Feld?[110]) Die Materialisten nahmen ihre
Zuflucht umsonst zu einer gewissen Deviation, die in
den Atomen liege[111]), und die Spiritualisten zu einer
Art Nebenursache (adjurantum), die der Wirkung der
Gnade ähnlich sieht[112]); die Theosophen ruhten nicht,
bis sie sie in die Enge getrieben hatten; sie zwangen
sie zu Paradoxen, deren Haltlosigkeit und empörende
Konsequenzen leicht klarzustellen waren[113]): so muß-
ten sie zum Beispiel zugeben, daß das allmächtige
Grundprinzip nicht gleichzeitig an alles denken
könne[114]), und daß das Laster nützlich sei, denn ohne
Laster gäbe es keine Tugend[115]).
Lassen Sie alle Völker der Welt vor Ihren Blicken
vorüberziehen, durchblättern Sie alle Bücher, die
geschrieben worden sind: die Freiheit des Menschen,
die freie Wahl seiner Handlungen, den Einfluß des
Willens auf seine Leidenschaften finden sie nur in den

Traditionen der Theosophie. Überall wo Sie physische oder metaphysische Systeme antreffen, Lehrsätze, die, bei aller Verschiedenheit, sich auf ein einziges materielles oder spirituelles Prinzip des Universums gründen, können Sie mit Sicherheit annehmen, daß das absolute Geschick aus ihnen hervorgehen muß, und daß ihre Begründer genötigt sind, die Wahl zwischen zwei Alternativen zu treffen: entweder den Ursprung des Guten und Bösen zu erklären — und das ist ihnen nicht möglich —, oder den freien Willen a priori anzuerkennen, und das ist ein offenbarer Widerspruch ihrer Vernunftschlüsse. Wenn es Sie interessiert, in die metaphysischen Tiefen einzudringen, so untersuchen Sie diesen Punkt, denn er ist der ausschlaggebende. Moses gründete seinen Kultus auf die Einheit Gottes und erklärte den Ursprung des Bösen. Die Natur des gefährlichen Geheimnisses zwang ihn jedoch, diese Erklärung mit dichten Schleiern zu umgeben. Für alle, denen es nicht durch die Tradition enthüllt war, blieb dieser Punkt ein dunkler. In seiner Religionslehre findet sich die Freiheit des Menschen nur in der theosophischen Tradition, und ist mit dieser zugleich schwächer geworden und zuletzt erloschen: die Sekten der Pharisäer und Sadducäer beweisen es[116]). Erstere, die Anhänger der Tradition waren, faßten den Text des Sepher[117]) allegorisch auf und hielten die Freiheit des Willens aufrecht[118]); letztere verwarfen sie und nahmen, dem buchstäblichen Sinn entsprechend, ein unentrinnbares Schicksal an, dem alles unterworfen ist. Die Strenggläubigen unter den Hebräern, auch die, welche als Seher oder Propheten angesehen wurden, schrieben ohne jede Schwierigkeit den Ursprung des Bösen Gott zu[119]). Die Geschichte von dem Sündenfall und das Dogma von der Erbsünde schienen sie dazu zu autorisieren, denn sie nahmen sie im volkstümlichen Sinn. Die Folge war, daß dieses Dogma, vom Christentum und Islam in seinem ganzen Umfang und der in den Worten liegenden Dunkelheit in ihre Glaubenslehre aufgenommen, beide zu der Lehre von der Prädestination geführt hat, die, unter anderem Namen, dasselbe ist, was die Alten das Geschick nannten. Der mehr enthusiastische als gelehrte Mohamed, bei dem die Einbildungskraft die Urteilskraft überwog, zögerte nicht, sie als unvermeidliches Resultat der Einheit Gottes anzuerkennen, die er Moses zufolge lehrte[180]). Allerdings haben einzelne christliche Gelehrte die Konsequenzen klar erkannt, die Prädestination geleugnet und die freie Wahl und Macht des Willens zur Geltung bringen wollen, indem sie das Dogma von der Erbsünde entweder, wie Origenes, allegorisierten, oder es, wie Pelagius, ganz verwarfen. Es ist aber aus der Kirchengeschichte ersichtlich, daß die strengsten Christen, wie Augustin, und die Autorität der Kirche stets behauptet haben, die Prädestination gehe mit Notwendigkeit aus der göttlichen Allmacht und Allwissenheit hervor, ohne die gäbe es keine Einheit. Ich habe mich bei dieser Erläuterung aber schon zu lange aufgehalten und kann die weiteren Beweise hier nicht vorbringen, doch komme ich später wieder darauf zurück.

8. . . . . . . Mäßig sei,
Tatkräftig, rein. Den Zorn vermeide.
Nicht im Geheim, nicht offensichtlich
Gib Raum dem Schlechten, und vor allem andern
Achte dich selber hoch.

Wie das Universum, so betrachtet Pythagoras auch den Menschen als einer dreifachen Modifikation unter-

worfen; er bezeichnet ihn daher als Mikrokosmos, die
Welt im kleinen, oder die kleine Welt[121]). Es lag den
Völkern des Altertums nahe, das Universum mit einem
großen Menschen, oder den Menschen mit einem kleinen
Universum zu vergleichen[122]). Das Universum als belebtes, aus Geist, Seele und Leib zusammengesetztes
großes All, wurde Pan oder Phanès genannt[123]) [124]).
Der Mensch, der Mikrokosmos, bestand gleichfalls, nur
in umgekehrter Reihenfolge, aus Körper, Seele und
Geist; jeder dieser Teile wurde wiederum in dreifacher
Gestalt betrachtet, die Zahl 3, die das All regiere,
herrsche auch in der kleinsten seiner Unterabteilungen.
Jede Dreiheit, von derjenigen an, die das Unendliche
umfaßt, bis zu jener herab, die das geringste Individuum bildet, war mit inbegriffen in einer absoluten
oder relativen Einheit, und bildete in dieser Verbindung die Zahl 4, oder die heilige Tetraktis der Pythagoräer. Diese Vierzahl war gleichzeitig eine universelle
und eine besondere. Pythagoras ist nicht der Erfinder
dieser Lehre: sie war von China bis nach Skandinavien
verbreitet[125]). In den Sprüchen des Zoroaster ist sie
folgendermaßen ausgedrückt: Im Universum leuchtet
überall die Drei. In der Monade ruht ihr Ursprung,
Wesen und Gesetz[126]). Es wurde also nach dieser Lehre,
der Mensch als relative Einheit und zugleich als Teil
der absoluten Einheit des großen Alls betrachtet, und
zwar, wie die universelle Drei, unter dreifacher Gestalt,
als Körper, Seele und Geist. In ihrer Eigenschaft als
Sitz der Leidenschaften hat die Seele drei Modifikationen, sie ist vernünftig, zum Zorn reizbar und von
Trieben bewegt. Nach Pythagoras besteht das Laster
der Triebe in der Unmäßigkeit oder dem Geiz, dasjenige des Zornes in der Feigheit, dasjenige der Vernunft in der Torheit. Das allen dreien gemeinsame

Laster ist die Ungerechtigkeit. Vier Haupttugenden empfiehlt Pythagoras seinen Schülern, die sie vor diesen Lastern bewahren können: den Trieben gegenüber die Mäßigkeit, der Erregbarkeit zum Zorn den Mut, der Vernunft die Vorsicht, und gemeinsam allen dreien die Gerechtigkeit, die höchste seelische Tugend in seinen Augen[127]), der Seele, denn Körper und Geist, die sich auch vermittels dreier Eigenschaften entwickeln, unterliegen wie die Seele Lastern und Tugenden, die nur ihnen eigen sind.

9. Sprich nicht und handle nicht, bevor du überlegt
   Sei billig.

In den vorhergehenden Versen ermahnt Lysis, im Namen des Pythagoras, maßvoll und tatkräftig zu sein; insbesondere über den Zorn zu wachen und sein Übermaß zu zügeln. Hier weist er auf das, was das Wesen der Vernunft ausmacht, hin, auf das Überlegen, und er gebietet, billig, gerecht zu sein. Er verbindet auf das Nachdrücklichste die Idee der Gerechtigkeit mit der des Todes; dieses geht aus den folgenden Versen hervor.

10. Unvermeidlich ist die Stunde,
    In der du sterben mußt. Daran denke.

Das heißt, denke daran, daß das unabwendbare Geschick, dem nach der Aussage der alten Weisen[128]) dein materieller und sterblicher Teil unterworfen ist, gerade in den Gegenständen deiner fleischlichen Begierden, deiner Unmäßigkeit, in den Dingen, die dich zur Torheit reizten, deiner Feigheit schmeichelten, dich treffen wird; denke daran, daß der Tod die schwachen Waffen deines Zorns zerbrechen, die Brände, die er entfacht hat, auslöschen wird; und denke daran:

11. . . . daß Güter, Ehren,
Die leicht erworben, leicht verloren sind.

Sei gerecht: die Ungerechtigkeit feiert oft leichte Triumphe; was aber bleibt nach dem Tode von den Gütern übrig, zu denen sie dir verholfen hat? Nichts als die bittere Erinnerung an ihren Verlust und das Offenbarwerden eines schändlichen Lasters, das seiner Kraft beraubt ist.

Ich bin über die letzten Verse rasch hinweggegangen, denn die in ihnen enthaltene Moral baut sich auf Beweise auf, die im Gefühl liegen, Beweise anderer Art entsprechen ihrem Wesen nicht. Es ist eine sehr einfache Reflexion, die ich hier vorbringe. Ob sie bereits von Anderen gemacht worden ist, weiß ich nicht. Sie führt jedoch zu einer weiteren, komplizierteren, und dient dazu, den Grund zu der auffallenden Übereinstimmung zu finden, die bei allen Völkern hinsichtlich der Moral herrscht und immer herrschen wird. Man hat über Meinungen und Urteile geteilter Ansicht sein können, hat in tausenderlei Weise in Fragen des Geschmacks von einander abweichen können, über die Formen der Kulte, die Lehrmethoden, die Grundlagen der Wissenschaft streiten können, eine unendliche Zahl psychologischer und physiologischer Systeme errichten können; niemals aber hat man, ohne dem eigenen Gewissen untreu zu werden, die Wahrheit und Allgemeingültigkeit der Moral ableugnen können. Die Mäßigkeit, die Klugheit, der Mut, die Gerechtigkeit, sind stets als Tugenden angesehen worden, der Geiz, die Torheit, die Feigheit, die Ungerechtigkeit als Laster, dazu bedurfte es keiner Diskussion. Kein Gesetzgeber hat gelehrt, man solle ein schlechter Sohn, ein schlechter Freund, ein schlechter Staatsbürger, neidisch, undankbar, meineidig sein. Diejenigen, die selbst diese Fehler in hohem Maße besaßen, haben sie bei anderen stets gehaßt und sie bei sich zu verdecken gesucht; sie haben, indem sie heuchelten, der Moral eine neue Huldigung dargebracht.

Wenn von falschem Eifer verblendete Sektierer in ihrer Unwissenheit und Intoleranz von anderen Kulten aussagten, sie hätten keine Moral oder eine unreine, so geschah es aus Unkenntnis der wahren Prinzipien der Moral, oder mit der Absicht zu verleumden; die Grundlagen sind überall dieselben, nur die Ausübung ist es, die strenger oder weniger streng eingehalten worden ist, je nach den Zeiten, Orten und Völkern. Die Christen rühmen sich, und mit Recht, der Reinheit und Heiligkeit ihrer Moral; aber, aufrichtig gesagt, in ihren heiligen Büchern ist nichts, was nicht ebenso deutlich und stark ausgesprochen ist in denen der anderen Völker; die Vorschriften werden, nach den Aussagen unparteiischer Reisenden, von letzteren oft auch besser befolgt. Der schöne Grundsatz über das Verzeihen von Beleidigungen[129] ist beispielsweise im Zend-Avesta in derselben großartigen Weise ausgesprochen. „Wenn jemand dich durch Gedanken, Worte oder Taten ärgert," heißt es dort, „dich, o Gott, der größer ist als alles Große, und er sich dann vor dir demütigt, vergib ihm, wie auch ich demjenigen vergebe, der mich durch seine Gedanken, Worte oder Handlungen kränkt'[130]. In demselben Buch findet man, das Gebot der Barmherzigkeit, wie es die Mohammedaner haben, und die Auffassung von der Landwirtschaft als Tugend, die bei den Chinesen herrscht. „Was würdest du wünschen, Ormuzd, daß der König tue, den du liebst? Soll er, wie Du, den Armen ernähren?[131]" „Das Reinste ist, nach dem Gesetz, die Erde zu besäen. Derjenige, der die Saat aussät, und es mit reinem Herzen tut, ist ebenso groß vor mir als der, welcher zehntausend Anbetungen verrichtet[132].« . . . »Macht die Erde fruchtbar, bedeckt sie mit Blumen und Früchten; vermehrt die Quellen an den Orten, auf denen keine Pflanze wächst[133].« Wir begegnen in verschiedenen orientalischen Schriften der Vorschrift, Beleidigungen zu vergeben, Böses mit Gutem zu vergelten und den Anderen zu tun, was wir wünschen, daß uns geschehe. So liest man in den Distichen des Hafis die schöne Stelle: »Lerne von der Meeresmuschel, deinen Feind zu lieben, und die Hand, die sich ausstreckt, um dir zu schaden, mit Perlen zu füllen. Sei nicht weniger großmütig als der harte Fels: mache den Arm leuchten von kostbaren Steinen, der deine Seite durchsticht. Siehst du den Baum, den der Sturmwind mit Kieselsteinen bewirft? Nur herrliche Früchte und duftende Blumen läßt er auf die herniederfallen, die ihn angreifen. Die Stimme der gesamten Natur ruft uns zu: ist der Mensch der Einzige, der sich weigert, die Hand zu heilen, die sich verwundet, indem sie ihn schlägt?, den zu segnen, der ihn beleidigt?[134]« Die Vorschrift des Evangeliums, die Hafis paraphrasiert, findet sich dem Sinne nach in einer Rede des Lysias wieder; Thales und Pythaeus drücken sie deutlich aus; Konfuzius lehrt sie mit den gleichen Worten wie Jesus; in der Arya, drei Jahrhunderte vor unserer Zeitrechnung, finden sich nachstehende Verse, die eigens dazu gemacht scheinen, uns die Maximen des Gerechten einzuprägen, der sie geschrieben, und seinen Tod uns vor Augen zu malen:

»Mit frommem Aug' schaut auf den Henker hin
Der Gute, wenn er friedlich seine Seele aushaucht;
Und segnet selbst den Arm, der ihn verwundet.

So wie der Sandelbaum mit seinen Düften
das Eisen überströmt, das ihm die Wunden schlägt."
Fragen Sie bei allen Völkern vom Nordpol bis zu den
Enden Asiens nach, was sie von der Tugend denken;
sie werden Ihnen alle, wie Zeno, die Antwort geben,
daß sie das Beste und Schönste ist. Die Skandinavier,
die Schüler Odhins, werden Ihnen den Hâvamâl vor-
weisen, die erhabene Rede ihres ersten Gesetzgebers,
in der er ihnen die Gastfreundschaft, die Barmherzigkeit, die Gerechtigkeit, den Mut ans Herz legt[135]).
Die Tradition wird Ihnen Kenntnis geben von den
heiligen Versen der Druiden, die die Kelten besaßen,
in denen die Frömmigkeit, Gerechtigkeit und Kühn-
heit als Nationaltugenden gepriesen werden[136]). Aus
den Büchern, die unter dem Namen des Hermes auf
uns gekommen sind[137]), werden Sie ersehen, daß die
Ägypter in Bezug auf die Moral die gleichen Ideen
besaßen wie ihre Lehrmeister, die alten Inder. Sie
werden denselben Ideen in dem Dherma-Shastra[138])
und auch in den Kings der Chinesen wieder begegnen.
Hier, in diesen heiligen Büchern, deren Ursprung sich
in der Ferne längst vergangener Zeiten verliert[139]),
finden Sie die Quellen der erhabenen Maximen des
Fo-Hy, des Krishna, des Thaôt, des Zoroaster, des
Pythagoras, sowie die des Sokrates und Jesus. Die
Moral, ich wiederhole es, bleibt immer dieselbe, es
kommt bei der Wertschätzung eines Kults weniger
auf die schriftlich niedergelegten Prinzipien desselben
an, als auf ihre praktische Anwendung. Diese aber,
und aus ihr geht der Geist eines Volks hervor, hängt
ab von der Reinheit der Religionslehre, der Erhaben-
heit ihrer Mysterien, ihrer geringeren oder größeren
Übereinstimmung mit der universellen Wahrheit, welche
die sichtbare oder verborgene Seele aller Religion ist.

12. Den Übeln, die das Schicksal bringt,
    Schau klar ins Auge du: ertrage sie
    Und such', so gut du's kannst, die Furchen
        auszuglätten.
    Den Weisen liefern grausam nicht die Götter
    Dem Schlimmsten aus.

Pythagoras nimmt, wie bereits gesagt, zwei treibende
Kräfte für die menschlichen Handlungen an, die Macht
des Willens und die Notwendigkeit des Geschicks, und
er unterstellt sie der Vorsehung, welche das Grundgesetz ist, aus welchem beide gleichermaßen hervorgehen. Die erste dieser bewegenden Kräfte ist eine
freie, die zweite eine bedingte: der Mensch ist also
zwischen zwei entgegengesetzte, aber nicht feindliche
Naturen gestellt. Diese sind an sich weder gut noch
böse, werden es aber je nach dem Gebrauch, den er
von ihnen macht. Der Macht des Willens unterstehen
die Dinge, die zu tun sind, oder das Zukünftige, der
Notwendigkeit des Geschicks das, was geschehen ist,
das Vergangene. Beide führen sich gegenseitig die
Nahrung zu und arbeiten mit dem Material, das sie
einander liefern, denn Pythagoras zufolge gebiert die
Vergangenheit die Zukunft, wird aus der Zukunft
Vergangenheit gebildet, und aus der Vereinigung
beider die immer vorhandene Gegenwart erzeugt, aus
der beide gleichermaßen entstehen; ein tiefer Gedanke,
den die Stoiker ihm entlehnt haben[140]). Nach dieser
Lehre herrscht also die Freiheit über das Zukünftige,
die Notwendigkeit über das Vergangene, und die Vorsehung über das Gegenwärtige. Nichts geschieht durch
Zufall: Auf die von der Notwendigkeit erzeugten Ver-
hältnisse wirken vereinigt das providentielle Grundgesetz und das Gute im Menschen, welches ersterem

folgt oder es übertritt[141]). Sind Wille und Vorsehung in Einklang, so wird das Gute gebildet; aus ihrer Opposition entsteht das Schlechte. Drei Kräfte, der Dreigestaltung seines Wesens entsprechend, sind dem Menschen gegeben, um ihm als Führer auf seinem Lebensweg zu dienen, sie sind alle drei mit seinem Willen verkettet. Die erste, mit dem Körper verbundene, ist der Instinkt; die zweite, der Seele gewidmete, die Tugendkraft; die dritte, dem Geist zugehörige, das Wissen oder die Weisheit. Diese drei Kräfte sind an sich indifferent, sie erhalten ihre Namen von dem Gebrauch zum Guten, den der Wille von ihnen macht, denn zu schlechtem Gebrauch verwandt, degenerieren sie zur Vertiertheit, zum Laster oder zur Unwissenheit. Der Instinkt nimmt durch die Empfindung wahr, was physisch gut oder schlecht ist; die Tugend unterscheidet zwischen dem moralisch Guten und Bösen in den Gefühlen; das Wissen liefert das durch die innere Zustimmung gebildete Urteil über das intelligibel Gute und Schlechte. In der Empfindung heißt Gutes Freude und Böses Schmerz; in den Gefühlen Liebe oder Haß; in der Zustimmung Wahrheit oder Irrtum. Empfindung, Gefühl und Zustimmung, die ihren Sitz im Körper, in der Seele und im Geist haben, bilden eine Dreiheit, die sich unter dem Schutz einer relativen Einheit entwickelt und mit dieser die menschliche Vierheit (Quaternarium) konstituieren, den Menschen als abstrakten Begriff. Die drei Fähigkeiten dieser Dreiheit stehen in Wechselwirkung und erleuchten oder verdunkeln sich gegenseitig. Die sie verbindende Einheit, d. h. der Mensch, wird vollkommener oder geringwertiger, je nachdem er bestrebt ist, mit der Einheit des Alls zu verschmelzen oder sich von ihr zu unterscheiden. Das Vermögen, sich mit ihr zu verschmelzen oder von ihr zu trennen, sich ihr zu nähern oder sich von ihr zu entfernen, liegt ganz allein in seinem Willen; durch den Gebrauch, den er von den Werkzeugen macht, die Körper, Seele und Geist ihm zur Verfügung stellen, entwickelt er die Instinkte oder vertiert, wird tugendhaft oder lasterhaft, weise oder unwissend; setzt er sich in den Stand energischer zu erfassen, redlicher zu erkennen und zu beurteilen, was gut, schön und richtig ist in der Empfindung, im Gefühl, im Urteil oder der Zustimmung, klarer und stärker das Gute und Böse zu unterscheiden, und sich endlich weniger leicht zu irren in dem, was wahrhaft Freude und Schmerz, Liebe und Haß, Wahrheit und Irrtum ist.

Nirgends aber ist der metaphysische Gedanke, den ich hier kurz gezeichnet habe, ganz klar ausgesprochen, ich kann mich daher auf keine einzige Autorität direkt berufen. Um zu diesen Schlüssen zu gelangen, muß man von den Prinzipien ausgehen, die in den goldenen Versen enthalten sind, und über das nachsinnen, was uns von Pythagoras überliefert ist. Seine Schüler sind überaus diskret, oft sogar undeutlich gewesen. Man erhält das rechte Verständnis für die Gedanken ihres Meisters erst, wenn man zu ihrer Beleuchtung die Lehren der Platoniker und Stoiker heranzieht, die sie angenommen und mit weniger Zurückhaltung verbreitet haben[142]).

Der Mensch, wie ihn Pythagoras auffaßt, steht unter der Herrschaft der Vorsehung und zwischen Vergangenem und Zukünftigem; er ist seinem Wesen entsprechend mit freiem Willen begabt und wendet sich aus eigenem Antrieb der Tugend oder dem Laster zu; die Quelle des Unglücks, das er notwendig erleidet, kann ihm nicht verborgen sein; fern davon, die Vorsehung zu beschuldigen, die Jedem nach seinem Verdienst und seinen Handlungen Gutes und Böses austeilt, kann er es sich nur selbst zuschreiben, wenn er die unausbleiblichen Folgen seiner Fehler zu tragen hat[143]). Denn Pythagoras nahm mehrere aufeinanderfolgende Existenzen an[144]) und behauptete, daß die Gegenwart, die uns trifft, und die Zukunft, die uns droht, nur der Ausdruck der Vergangenheit sind, die wir selbst in einem früheren Leben gewirkt haben. Die meisten Menschen hätten die Erinnerung an die frühere Existenz verloren, er aber verdanke einer besonderen Gnade der Götter, die Erinnerung daran bewahrt zu haben[145]). Es hat also der Mensch, nach seiner Meinung, das verhängnisvolle Geschick, über das er beständig klagt, durch den Gebrauch, den er von seinem Willen gemacht, selbst geschaffen. Jeden Schritt im Leben tut er auf einem Weg, den er selbst vorgezeichnet hat. Von ihm allein hängt es ab, ihn leichter oder drückender zu gestalten, wenn die Zeit kommt, wo er ihn von neuem zu gehen hat, und zwar davon, ob er sich zum Guten oder zum Schlechten verändert, ob er Gutes oder Böses säet.

Auf diese Dogmen hat Pythagoras die Notwendigkeit des Geschicks aufgebaut, ohne damit die Macht des Willens zu beeinträchtigen und der Vorsehung die Herrschaft über das All streitig zu machen. Er brauchte ihr weder den Ursprung des Bösen zuzuschreiben, wie diejenigen, die ein einziges Prinzip der Dinge annahmen, noch dem Bösen ein absolutes Dasein zuzuerkennen, wie jene, die zwei Prinzipien zulassen. Seine Auffassung ist in Übereinstimmung mit der antiken, auf den Orakelsprüchen der Götter fußenden Lehre[146]). Übrigens betrachteten die Pythagoräer die Schmerzen, d. h. alles, was dem Körper während des irdischen

Lebens Leiden verursacht, nicht als eigentliche Übel.
Sie zählten zu diesen nur die Vergehungen, Laster und
Irrtümer, in welche man durch den eigenen Willen
gerät. Physische und unvermeidliche Übel konnten
durch die moralische Kraft in Gutes verwandelt
werden und schön und begehrenswert erscheinen[147]).
Diese unausweichbaren Übel sind es, denen klar ins
Auge zu schauen, sie richtig zu beurteilen, Lysis den
Schülern gebietet; sie sollen sie ansehen als notwendige Folgen begangener Fehler, als Strafen oder
Heilmittel eines Lasters. Deshalb solle man sie er-
tragen, sie durch Ergebung zu erleichtern suchen, in
das Urteil der Vorsehung einwilligen. Er verbietet
nicht, das geht aus den angeführten Versen hervor,
sie durch erlaubte Mittel zu lindern, im Gegenteil, der
Weise soll sich bemühen sie abzuwenden und so gut
es geht zu heilen. Auf diese Weise verfiel er nicht in
die Übertreibung, die man den Stoikern mit Recht
vorgeworfen hat[148]). Ihm galt der Schmerz als schlecht,
nicht weil er gleicher Natur ist wie das Laster, sondern
weil er mit der ihm innewohnenden reinigenden Kraft
eine notwendige Folgeerscheinung des Lasters bildet[149]).
Wenn Lysis sagt — er folgt auch hierin dem Pythagoras —, der Weise sei nicht den grausamsten Übeln
ausgesetzt, so kann das auf zweierlei Weise verstanden
werden, in einem einfachen und natürlichen Sinn, wie
es Hierokles tut, und auf eine verborgene Weise. Zieht
man die Konsequenzen der aufgestellten Prinzipien,
so geht allerdings klar hervor, daß er dem Schlimmsten
nicht ausgesetzt sein kann, denn er wird sich nicht
hinreißen lassen, durch Erbitterung die Schicksals-
schläge noch unerträglicher zu machen, und wird sie
lindern, indem er sie mit Ergebung trägt; er wird
auch im Unglück glücklich sein können in der festen

Hoffnung, daß diese Übel seine Tage nicht weiter beunruhigen werden, und daß die himmlischen Güter, die der Tugend vorbehalten sind, ihn in einem anderen Leben erwarten[150]). Hierokles erklärt den vorliegenden Vers zunächst in dieser einfachen Weise, und deutet dann leise auf den tieferen Sinn hin, in dem sie zu verstehen sind: Der Mensch vermag durch den Willen die Vorsehung zu beeinflussen, er kann es, wenn er mit der ganzen Kraft seiner Seele handelt, im Einklang mit dem Himmel und unterstützt von seiner Hilfe[151]). Dieses gehörte zu den Geheimlehren der Mysterien, welche den Außenstehenden nicht mitgeteilt werden durften. Deutliche Spuren derselben sind bei Plato zu finden[152]). Danach kann der durch den Glauben kraftvoll wirkende Wille auch das Geschick bezwingen, der Natur befehlen und Wunder wirken. Er war das Prinzip, auf dem die Magie der Schüler des Zoroaster beruhte[153]). Jesus scheint der allen Weisen bekannten theosophischen Tradition zu folgen, wenn er im Gleichnis redend sagt, der Glaube vermöge Berge zu versetzen[154]). „Die Aufrichtigkeit des Herzens und der Glaube besiegen alle Hindernisse", sagt Konfuzius[155]). „Jeder kann den Weisen und Helden gleich werden, deren Gedächtnis die Völker verehren", lehrt Mong-Dsi[156]). „Nicht an der Macht fehlt es ihm dazu, es liegt am Willen, man erreicht alles, wenn man will." Diese Auffassung der chinesischen Theosophen finden wir in den Schriften der Inder wieder[157]), und sogar bei mehreren Europäern, die, wie bereits gesagt, nicht die genügende Gelehrtheit besaßen, um aus Nachahmung so zu denken. Boehme sagt: „Je größer der Wille, um so größer der Mensch, um so mächtiger ist er inspiriert[158])". „Wille und Freiheit sind dasselbe[159])." „Die Magie, die aus dem Nichts Etwas schafft, ist die Quelle des Lichtes[160])." „Der Wille, der entschlossen vorwärts schreitet, ist der Glaube; er gibt seiner eigenen Form die geistige Gestalt und unterwirft sich alles; die Seele erhält von ihm die Kraft, in eine andere Seele ihren Einfluß hineinzutragen und sie bis in ihr innerstes Wesen zu durchdringen. Wirkt er zusammen mit Gott, kann er Berge umstürzen, Felsen zertrümmern, die Anschläge der Gottlosen vereiteln und über sie Verwirrung und Schrecken bringen; er kann Wunder wirken, dem Himmel und Meer gebieten, selbst den Tod in Ketten schlagen, alles ist ihm unterworfen. Es gibt nichts, dem er nicht gebieten könnte im Namen des Ewigen. Die Seele, die so große Dinge vollbringt, ahmt nur den Propheten und Heiligen, Jesus und seinen Aposteln nach. Alle Auserwählten besitzen die gleiche Macht. Vor ihnen verschwindet das Böse. Nichts kann demjenigen Schaden bringen, in dem Gott Wohnung gemacht hat[161])."

Von dieser, in den Mysterien verkündeten Lehre ausgehend, haben verschiedene Gnostiker der Alexandrinischen Schule die Behauptung aufgestellt, daß die Übel die wahren Weisen nicht erreichen könnten, wenn es solche überhaupt gäbe, denn die Vorsehung, das Bild der göttlichen Gerechtigkeit, gestatte nicht, daß der Unschuldige leide oder gestraft werde. Basilides wurde wegen dieser platonischen Auffassung[162]) von den orthodoxen Christen scharf angegriffen und zum Häretiker erklärt; man hielt ihm das Beispiel der Märtyrer entgegen. Hierauf antwortete er, die Märtyrer seien nicht vollkommen unschuldig, denn niemand sei ganz ohne Fehler; Gott strafe in ihnen entweder schlechte Gelüste, wirkliche und geheime Sünden, oder solche, die die Seele in einem früheren Leben verübt habe. Als man ihm Jesus als Beispiel vorhielt, der unschuldig den Tod am Kreuz erlitten, erwiderte Basilides, Gott sei auch in diesem Falle gerecht gewesen, denn Jesus sei ein Mensch gewesen und als solcher, wie alle andern, nicht frei von Fehlern[163]).

13. Es hat der Irrtum, wie die Wahrheit, seine Schar;
    Mit Vorsicht prüft und wägt der Philosoph.
    Wo Irrtum herrscht, entfernt er sich und wartet.

Bekanntlich ist Pythagoras der erste gewesen, der das Wort Philosoph zur Bezeichnung „eines Freundes der Weisheit" angewandt hat[164]). Vor ihm gebrauchte man das Wort Sophos, der Weise. Ich bediene mich absichtlich desselben in dieser Übersetzung, trotzdem es sich nicht wörtlich im Text vorfindet. Der Inbegriff des Philosophen, wie Lysis ihn darstellt, ist ganz begrenzt in dem Zuge des Maßhaltens, jener rechten Mitte, in die auch Konfuzius das vollkommene Ideal des Weisen setzt[165]). Er empfiehlt die Toleranz den Ansichten anderer gegenüber, denn Wahrheit und Irrtum hätten gleicherweise ihre Anhänger, man solle nicht alle Menschen aufklären und zu den gleichen Ansichten bringen wollen oder zu derselben Lehre. Seiner Gewohnheit gemäß hatte Pythagoras diesen Gedanken in symbolischer Form ausgedrückt: „Ihr sollt nicht über die Wagschale hinauswiegen; schürt das Feuer nicht mit dem Schwert; tut nicht in den Nachttopf, was zur Nahrung bestimmt ist; aus jedem Stoff läßt sich nicht ein Merkur schnitzen". Das bedeutet: vermeidet jedes Übermaß; entfernt euch nicht von der rechten Mitte, die zu der Ausrüstung des Philosophen gehört; verbreitet eure Lehre nicht durch Gewaltmittel; greift nicht zum Schwert um Gottes und der Wahrheit willen; vertraut euer Wissen nicht einer verdorbenen Seele an; oder wie Jesus es kräftiger ausspricht: „Werft eure Perlen nicht vor die Säue, und gebt das Heilige nicht den Hunden vor[166])".

Denn nicht jeder Mensch eignet sich in gleichem Maß dazu, Wissen zu empfangen, Träger der Weisheit zu sein, das Bild Gottes widerzuspiegeln.

Pythagoras hat aber nicht zu allen Zeiten auf dieser Höhe gestanden. Als er jung war und das Feuer der Leidenschaften in ihm brannte, hatte er sich blindem und heftigem Eifer hingegeben. Durch ein Übermaß von Enthusiasmus und Liebe zum Höchsten war er zur Intoleranz getrieben worden und wäre, wenn ihm Waffen zur Hand gestanden hätten, vielleicht wie Mohammed zum Verfolger geworden. Ein Unglücksfall hat ihm die Augen geöffnet. Er behandelte seine Schüler mit großer Härte und pflegte überhaupt mit großer Schärfe den Menschen ihre Untugenden vorzuhalten. So geschah es, daß ein junger Mann, dessen Verfehlungen er öffentlich gerügt und den er mit den bittersten Vorwürfen überschüttet hatte, sich aus Verzweiflung darüber das Leben nahm. Dieses Unglück, das er verschuldet hatte, erschütterte den Philosophen aufs tiefste; er zog sich in sein Innerstes zurück und stellte über den Unfall Betrachtungen an, die sein ganzes späteres Leben beeinflußten. Er erkannte, daß man das Feuer nicht mit dem Schwert schüren dürfe. In dieser Beziehung kann man ihn mit Kong-Tse und Sokrates auf eine Linie stellen. Die anderen Theosophen haben nicht die gleiche Mäßigung gezeigt. Krishna, der toleranteste unter ihnen, hat sich allerdings im Enthusiasmus zu dem Ausspruch hinreißen lassen: „Ganz mir anzugehören . . . sich von der Eigenliebe zu befreien . . . der Anhänglichkeit an Kinder, Frau und Haus zu entsagen . . . Gott allein unver-

69

änderliche Anbetung zu weihen . . . die Gesellschaft der Menschen gering zu achten und zu fliehen . . . darin beruht die Weisheit[167])". Es liegt eine auffallende Übereinstimmung in diesen Worten mit dem Ausspruch Jesu: „Wer zu mir kommt und haßt nicht Vater und Mutter, Weib und Kind, Bruder und Schwester, noch sich selbst, kann nicht mein Jünger sein[168])". Zoroaster scheint Verfolgungen zu autorisieren, wenn er, von Entrüstung überwältigt, ausruft: „Zerbrecht den, der Böses tut; erhebt euch gegen alle, die grausam sind; zerschlagt den stolzen Turanier, der den Gerechten bekümmert und plagt[169])". Und ebenso entflammte Moses im Zorn über die Midianiter und die anderen Volksstämme, die ihm Widerstand leisteten, obgleich er in einem ruhigeren Augenblick den Gott Israels dargestellt hat als einen starken Gott, voller Güte, barmherzig, langsam zum Zorn und reich an Großmut[170]). In denselben Übereifer ist auch Mohammed verfallen. Er ist ebenso leidenschaftlich wie Moses und ähnelt ihm auch sonst in Bezug auf Kraft und Beharrlichkeit. Denselben Gott, den er am Anfang aller seiner Schriften als überaus gut, sehr gerecht und unendlich barmherzig anruft, stellt er oft unerbittlich und grausam dar[171]). Dies alles beweist, wie selten die rechte Mittelstraße eingehalten wird, die Konfuzius und Pythagoras anempfehlen, wie schwer es auch den sittlich Hochstehenden fällt, sich nicht von Leidenschaftlichkeit hinreißen zu lassen, die eigene Stimme zu unterdrücken und nur auf die Stimme der göttlichen Inspiration zu horchen. Man möchte dem Basilides recht geben angesichts dieser Inkonsequenzen großer Männer, und kommt zu dem Schluß, daß es wirklich keine vollkommen weisen und fehlerlosen Menschen gegeben hat. Auch Jesus drückt sich in ähnlicher Weise aus wie Krishna, Zoroaster und Moses. Er, der das Gebot gegeben hat, die Feinde zu lieben, denen wohl zu tun, die uns hassen, für die zu bitten, die uns beleidigen und verfolgen[172]), bedroht mit dem Feuer vom Himmel die Städte, die ihn nicht erkennen[173]), und ruft an anderer Stelle aus: „Wähnt nicht, daß ich gekommen bin, Frieden zu bringen auf Erden; ich bin nicht gekommen, den Frieden zu bringen, sondern das Schwert[174]); denn ich bin gekommen, den Menschen zu entzweien mit seinem Vater, und die Tochter mit ihrer Mutter. Wer nicht für mich ist, ist gegen mich, und wer nicht mit mir sammelt, der zerstreut[175])".

14. Auf meine Worte hör' und präg sie tief ins Herz:
Dem Vorurteil verschließ dein Ohr und Auge;
Folg' blindlings nicht den andern, denke selbst.

Lysis zeichnet hier im Namen des Pythagoras dem Philosophen den Weg weiter vor, den er in der Reinigung, dem ersten Abschnitt seiner Lehre, vorwärts schreiten soll. Er hat ihm bisher das Maßhalten und die Vorsicht in allen Dingen vorgeschrieben, ihn gelehrt, langsam im Tadeln und Zustimmen zu sein, jetzt warnt er ihn vor den Vorurteilen und Gewohnheiten des Beispiels, in denen die großen Hemmungen auf dem Wege des Wissens und der Wahrheit liegen. Auch der Wiederhersteller der Philosophie im modernen Europa, Bacon, war sich dieser Gefahren wohl bewußt. Wir verdanken ihm die Befreiung von dem Gängelband der Scholastik, mit dem die Unwissenheit uns im Namen des Aristoteles gefesselt gehalten hat. Er begriff, daß man die Grundlagen einer wahren Wissenschaft nicht aufzustellen vermöchte, wenn es nicht vorher gelänge, die Vorurteile zu entfernen, und nahm die schwierige Aufgabe auf sich, den Flächenraum des menschlichen Verstandes zu säubern und zu ebnen, um ein weniger barbarisches Gebäude zu errichten[176]). Gegen diese Feinde der menschlichen Vervollkommnungsfähigkeit hat er seine ganze Kraft aufgeboten, und wenn es ihm nicht immer gelungen ist, sie auszurotten, so hat er wenigstens so deutlich auf sie hingewiesen, daß es leichter wurde, sie zu erkennen und zu vernichten. Es sind nach seiner Ansicht vier Arten von Vorurteilen, die unsern Verstand umlagern, er nennt sie Phantome: die Phantome der Rasse, der Caverne, der Gesellschaft und des Theaters. Die ersten hängen dem Menschengeschlecht an; die zweiten dem Individuum; die Dritten entstehen aus dem Doppelsinn, der in den Worten liegt; die vierten, und zahlreichsten, erhält der Mensch von seinen Lehrern und den im Umlauf befindlichen Lehren[177]). Die letzten sind die zähesten und am schwersten zu überwinden; ihnen ganz zu widerstehen scheint fast unmöglich. Jeder, der dem gefährlichen Ruhm nachstrebt, die Entwicklung des menschlichen Geistes zu fördern, befindet sich zwischen zwei Klippen, an denen sein schwaches Schiff, wie an der Charybdis und Skylla, zu zerschellen droht: die eine ist die gebieterische Routine, die andere die stolze Neuerung. Die Gefahr ist von beiden Seiten die gleiche. Die rechte Mitte allein ist es, die ihn retten kann, sie wird von allen Weisen anempfohlen, von den wenigsten unter ihnen aber befolgt.

Die rechte Mitte auf dem Lebensweg stets einzuhalten, muß ein schwieriges Ding sein, denn auch Konfuzius, der sich ihrem Studium so ganz hingegeben hatte, weicht in dem wichtigsten Punkt seiner Lehre, der von der Vervollkommnungsfähigkeit des Menschen handelt, von ihr ab. Von nationalen Vorurteilen getränkt,

gab es für ihn nichts Höheres als die Lehre der Vor-
väter, er meinte, ihr nichts hinzufügen zu können[178]).
Statt den Geist der Chinesen vorwärts auf das große
Ziel zu richten, dem alles in der Natur beständig zu-
strebt, hat er ihn rückschauen gemacht und ihn durch
die fanatische Verehrung der Werke der Vergangenheit gehindert, den großen Zielen der Zukunft nachzusinnen[179]). Die bis zum Übermaß getriebene Verehrung der Eltern artete in blinde Nachahmung aus
und verschlimmerte das Übel. So ist das größte Volk
der Welt stehen geblieben, während alles andere vorwärts schritt. Reich an Prinzipien jeder Art, wagte es
nicht, sie weiter zu entwickeln in der Furcht, sie zu
profanieren, und blieb vor einer sterilen Antiquität
auf den Knien liegen; weder in der Zivilisation, noch
in der Vervollkommnung der Wissenschaften und
Künste hat es seit viertausend Jahren auch nur einen
Schritt weiter getan.

In der entgegengesetzten Richtung ist Bacon von der
rechten Mittelstraße abgewichen. Übergroße Ehrfurcht
vor dem Althergebrachten hat den chinesischen Theosophen in die Irre geführt, tiefe Mißachtung desselben
den englischen Philosophen. Bacon hatte ein Vorurteil gegen die Lehre des Aristoteles und dehnte es
auf alles aus, was die Alten uns hinterlassen haben.
Er hat nur das annehmen wollen, was die Erfahrung
dem eigenen Blick beweisen konnte, und verwarf
kurzerhand die Arbeit von dreißig Jahrhunderten
und die Früchte der geistigen Errungenschaften der
größten Denker[180]). Er glaubte die Logik entbehren
zu können und wandte sich von den Vernunftschlüssen
ab[181]); sie schienen ihm ein zu grobes Instrument, um
die Tiefen der Natur mit ihnen bloßzulegen[182]). Weder
auf die Ausdrücke der Sprache, noch auf die Begriffe,

die sich von ihnen herleiten, glaubte er sich verlassen zu können[183]). Abstrakten Prinzipien sprach er die Begründungsmöglichkeit ab. Mit denselben Waffen, die er gegen die Vorurteile ins Feld führte, bekämpfte er auch die Folgerungen dieser Prinzipien, und fand hierbei leider geringeren Widerstand[184]). Die griechische Philosophie betrachtete er mit Geringschätzung, er gab nicht zu, daß sie Nützliches und Gutes hervorgebracht habe[185]), verwarf die Physik des Aristoteles als unnützen dialektischen Wortschwall[186]) und sah in der Metaphysik Platos eine verdorbene und gefährliche Philosophie, in der Theosophie des Pythagoras groben und anstößigen Aberglauben[187]). Auch hier werden wir an den Ausspruch des Basilides erinnert, daß niemand ohne Fehler ist. Konfuzius ist gewiß einer der größten Männer gewesen, deren die Erde sich rühmen kann, und Bacon einer der urteilsfähigsten Philosophen Europas, und doch haben beide ernste Fehler begangen, die nicht ohne schädigende Einwirkungen auf die Nachwelt geblieben sind: Konfuzius, indem er die chinesischen Gelehrten mit übertriebener Ehrfurcht vor dem Altertum erfüllte und sie dadurch zu einer bewegungslosen, beinahe untätigen Masse gemacht hat, die nur dann in Fluß kam, wenn die Vorsehung, um eine notwendige Bewegung von ihr zu erreichen, sie durch Revolutionen aufrüttelte; Bacon durch das Gegenteil: indem er eine unbegründete Verachtung gegen alles einflößte, was von den Alten stammte, ihre Prinzipien in Frage stellte, den Beweis ihrer Lehren verlangte und alles dem Licht der Erfahrung unterstellte. Er hat dadurch der Wissenschaft das Rückgrat gebrochen, ihr die Einheit genommen und die Versammlung der Weisen in eine geräuschvolle Anarchie umgewandelt, deren ungeordnete Bewegung wilde Stürme hervorgerufen hat. Hätte er in Europa den Einfluß gewinnen können, den Konfuzius in China ausgeübt hat, so hätte er die Philosophie in absoluten Materialismus und Empirismus gestürzt. Aber aus dem Übel selbst ist glücklicherweise das Heilmittel hervorgegangen. Der Mangel an Einheitlichkeit hat dem anarchischen Koloß alle Kraft genommen. Da jeder recht haben wollte, hat es keiner gehabt. Hunderte von Systemen wurden übereinander gebaut und haben sich gegenseitig zerschlagen und zertrümmert. Die von allen Parteien angerufene Erfahrung hat die Farben aller angenommen, und ihre widersprechenden Urteile haben sich gegenseitig vernichtet.

Wenn ich meine Ansicht über den Punkt, an welchem diese beiden großen Männer gescheitert sind, aussprechen sollte, so ist es die, daß sie die Prinzipien der Wissenschaft mit ihrer Entwicklung verwechselt haben. Schöpft man diese Prinzipien aus der Vergangenheit, wie Konfuzius es tat, so sollte man sie sich frei in ihrer Entwicklung in der Zukunft auswirken lassen, wie Bacon es wollte. Die Prinzipien hängen mit der Notwendigkeit der Dinge eng zusammen, sie sind an sich unwandelbar. Abgeschlossen und der sinnlichen Wahrnehmung nicht zugänglich, werden sie durch die Vernunft wahrgenommen: aus der Macht des Willens geht ihre Entwicklung hervor, frei und unbegrenzt auf die Sinne wirkend und sich durch die Erfahrung erweisend. Nicht in der Vergangenheit abgeschlossen, wie Konfuzius es glaubt, ist die Entwicklung eines Prinzips, doch entsteht es auch nicht in der Zukunft, wie Bacon wähnt. Die Entwicklung des einen Prinzips führt zu einem weiteren Prinzip, dies geschieht aber stets in der Vergangenheit. Sobald das neue Prinzip auftritt, ist es ein allgemeines und steht über der Erfahrung. Man weiß, daß dieses Prinzip existiert, nicht aber, wie es existiert. Wüßte man es, so wäre die Möglichkeit gegeben, es nach eigenem Belieben hervorzubringen, doch liegt dieses nicht in dem Vermögen der menschlichen Natur. Der Mensch entwickelt, vervollkommnet oder verdirbt, er kann aber nichts erschaffen. Die rechte Mitte in wissenschaftlicher Hinsicht, wie sie Pythagoras vorschreibt, besteht also darin, die Prinzipien des Wissens zu erfassen, wo sie uns entgegentreten, und sie frei zu entwickeln, ohne sich von Vorurteilen abhalten oder fortreißen zu lassen. Worin die rechte Mitte in den Dingen, die die Moral betreffen, besteht, ist durch alles Vorhergegangene bereits deutlich klargelegt worden.

„Derjenige, der sich seiner Würde bewußt ist," sagt Hierokles, „kann durch nichts voreingenommen oder verführt werden[188]). Mäßigkeit und Kraft sind die unbestechlichen Wächter seiner Seele. Sie bewahren ihn davor, den Verlockungen der angenehmen Dinge nachzugeben, oder sich von den Schrecken des Furchtbaren erfassen zu lassen. Der Tod, den man für eine gute Sache leidet, ist schön und ruhmvoll."

15. Nach eig'ner Art und frei erwäge und beschließe.

Fassen wir wie Hierokles diesen Vers von der moralischen Seite auf, so bedeuten erwägen und beschließen im Zusammenhang mit der moralischen Führung das Gute oder das Schlechte erkennen, ihm folgen oder es fliehen, ohne sich von dem Vergnügen oder der Furcht vor Schmerzen bestimmen zu lassen[189]). Dringt man aber tiefer in den Sinn des Verses ein, so erkennt man, daß er eine Folgerung aus den vorher aufgestellten Prinzipien über die Notwendigkeit des Geschicks und

die Macht des Willens ist; es zeigt sich auch hier
wieder, wie Pythagoras keine Gelegenheit versäumte,
um seinen Schülern klar zu machen, daß sie frei die
Folgen ihrer Handlungen abwiegen können und frei
in der Wahl ihrer Handlungen sind, trotzdem sie sich
durch notwendige Schicksalsfügungen in bestimmter
Lage befinden und in bestimmten Umständen zu handeln gezwungen sind. Die folgenden Verse bilden den
Zusatz zu diesem Rat.

16. Laß Toren handeln ohne Zweck und Ziel;
    Blick' weit voraus: der Zukunft Sinn und Bild
    Enthüllt sich dir im Gegenwärtigen —
    Verborgen noch — und doch bedingt.

Das heißt: bedenke die Folgen dieser oder jener Handlung. Bedenke, daß diese Folgen von deinem Willen
abhängig sind, solange die Handlung noch nicht zur
Tat geworden; daß sie, frei, solange sie noch nicht
geboren, dem Gebiet der Notwendigkeit angehören
werden von dem Augenblick an, wo die Tat ausgeführt
ist, und daß sie, ihr Wachstum aus der Vergangenheit
ziehend, mitwirken werden an dem Bild einer neuen
Zukunft. Ich bitte den Leser, bei diesem Gedanken des
Pythagoras länger zu verweilen und ihn auf eine
Ideenverbindung aufmerksam machen zu dürfen. Hier
stoßen wir auf die Quelle der astrologischen Wissenschaft des Altertums. Wie sehr diese Wissenschaft in
alten Zeiten die ganze bekannte Welt beherrschte,
wissen wir genugsam. Die Ägypter, Chaldäer, Phönizier trennten sie nicht von ihrem Götterkult[190]). Ihre
Tempel waren ein Sinnbild des Universums im kleinen,
und der Turm, der ihnen zum Observatorium diente,
erhob sich dicht neben dem Opferaltar. Die Gebräuche
der Peruaner waren in dieser Hinsicht die gleichen wie

die der Griechen und Römer[191]). Überall verband der Oberpriester die horoskopische oder astrologische Wissenschaft mit dem Kultus und hielt ihre Prinzipien in der Tiefe der Sanktuarien verborgen[192]). Bei den Etruskern und in Rom bildeten sie ein Staatsgeheimnis[193]), in China und Japan sind sie es heute noch[194]). Die Brahmanen vertrauten ihre Anfangsgründe nur denjenigen an, die sie der Initiation würdig befanden[195]). Es genügt, die Binde der Vorurteile einen Augenblick zu lüften, um sich darüber klar zu werden, daß eine so allgemein anerkannte Wissenschaft, die überall auf das Engste zusammenhing mit demjenigen, was den Menschen als das Heiligste galt, nicht bloß das Produkt der Torheit oder Dummheit sein kann, wie die Moralisten es hundertfach behauptet haben. Die ganze Antike war sicherlich nicht töricht oder dumm. Die Wissenschaften, die sie pflegte, stützten sich auf Grundlehren, die existiert haben, auch wenn sie uns heute nur unvollkommen bekannt sind. Wenn wir genauer zusehen, so finden wir, daß Pythagoras uns die Prinzipien enthüllt, auf denen die Genethlialogie und die mit ihr zusammenhängenden divinatorischen Wissenschaften beruhen.

Halten wir dieses vorerst fest: die Zukunft setzt sich aus der Vergangenheit zusammen, d. h. der Mensch hat den Weg, den er auf Erden zurücklegt und durch seine freie Willenskraft gestaltet, bereits früher einmal gemacht. In derselben Weise wie, um mich eines Bildes zu bedienen, die Erde auf ihrer jährlichen Bahn um die Sonne dieselben Räume durchläuft, und dieselben Dinge ihrem Auge wieder begegnen, begegnet auch der Mensch den eigenen Fußspuren auf dem Wege, den er in einem früheren Dasein bereits gegangen ist. Er könnte sie wiedererkennen, er könnte sogar die

Dinge, die ihm begegnen werden, wieder voraussehen, wenn sein Gedächtnis ihr Bild festgehalten hätte. Dieses Bild ist aber aus Gründen, die in seiner Naturanlage und in den Gesetzen der Vorsehung liegen, verwischt. So lehrt Pythagoras. Wir finden die gleiche Lehre in allen Mysterien, bei allen Weisen des Altertums. Origenes, der ihr entgegengetreten ist, schreibt sie den Ägyptern, Pythagoräern und den Schülern Platos zu. Sie ist auch in den heiligen Büchern der Chaldäer enthalten, die von Syncellos angeführt werden[196]. Seneka und Synesios behaupten, sie sei in voller Übereinstimmung mit dem Geist der Initiation[197]. Was die Alten mit den Worten ,,das große Jahr" bezeichneten, war eine Schlußfolgerung dieser Lehre. Es wurde in den Mysterien gelehrt, daß das Universum nach einer langen Reihe von Jahrhunderten auf seinem Kreislauf dieselben Umwälzungen von neuem durchzumachen habe, und sowohl für sich wie für die Welten, aus denen es besteht, in dem weiten Umkreis seiner konzentrischen Sphären die Aufeinanderfolge der vier Zeitalter wiederbringe, deren Dauer, in relativem Verhältnis zu der Natur der verschiedenen Wesen stehend, für das Menschengeschlecht unendlich ist, für das Individuum sich in dem begrenzt, was man Kindheit, Jugend, Mannesreife und Alter nennt, und sich auf der Erde darstellt als die flüchtigen Jahreszeiten, den Frühling, den Sommer, den Herbst und den Winter. Diese Vorstellung von dem großen Jahr ist bei allen Völkern der Erde zu finden[198]. Cicero erkennt klar, daß hier die eigentliche Grundlage der Genethlialogie oder astronomischen Wissenschaft zu finden ist[199]. Denn es ist klar, wenn das Zukünftige sich aus Vergangenem zusammensetzt, aus bereits Gewordenem, über welches sich schrittweise das Gegenwärtige entfaltet, wie auf dem Zirkonferen eines Kreises, der nicht Anfang und Ende hat, so müßte man dazu gelangen können, es zu erkennen sei es durch Erinnerung, indem man im Vergangenen das Bild der ganzen Umwälzung betrachtet, sei es durch Voraussehen, indem man mit dem inneren, intuitiven, moralischen Blick auf den Weg hinausschaut, den das Universum im Begriff ist, zu durchschreiten. Beide Methoden haben ihre Nachteile; die erste erscheint sogar unmöglich. Denn wie groß ist die Dauer des ganzen Jahres? Cicero will, daß man eine unendliche Zeitdauer annehme, die den Anblick aller Möglichkeiten und ihrer Folgen einschließt, und diese den Beobachtungen, die in den genethlialogischen Archiven niederzulegen wären, zu Grunde legen soll; hieraus solle man dann bei dem Eintritt einer neuen Umwälzung die Wiederkehr der Ereignisse, die die frühere begleitet haben, vorhersagen können. Wie groß aber sollte diese unendliche Periode sein?[200]) Damit dieses große Jahr zu vollkommener Vollendung gelange, schlägt Plato vor, seine Dauer von dem Zeitpunkt abhängig zu machen, an dem die Bewegung der Fixsterne, die das bestimmt, was wir heute das Vorrücken der Nachtgleichen nennen, zusammenfällt mit der Sonderbewegung aller einzelnen Gestirne, sodaß der Himmel sich wieder auf dem Punkt seiner ursprünglichen Stellung befinde[201]). Die Brahmanen berechnen die längste Dauer dieser unendlichen Periode, die sie Kalpa nennen, auf 4 320 000 000 Jahre, und ihre mittlere Dauer, oder Maha-Youg, auf 4 320 000 Jahre[202]). Die Chinesen scheinen sie auf 432 000 Jahre zu beschränken[203]) und stimmen darin mit den Chaldäern überein; wollte man sie aber auch mit den Ägyptern um den zwölften Teil dieser Zahl

verringern, d. h. bis zu der einzigen Revolution, die
es unter den Fixsternen gegeben hat — sie fixierten
sie, Hipparch zufolge, auf 36 000 Jahre, während wir
nach den heutigen Berechnungen nur noch 25 867 annehmen[204] —, so geht daraus doch immer noch hervor, daß wir weit davon entfernt sind, eine Reihe von
Beobachtungen zu besitzen, die im Stande wären, uns
die Wiederkehr derselben Ereignisse vorhersehen zu
lassen, und daß wir auch nicht zu begreifen vermögen,
wie es möglich wäre, in ihren Besitz zu gelangen. Was
aber die zweite Methode betrifft, die darin besteht,
im Geist vorauszublicken auf den Weg, der vor uns
liegt, so brauche ich kaum darauf hinzuweisen, daß
sie nur sehr unsicher sein und nur auf Mutmaßungen
beruhen kann, weil sie von einem Vermögen abhängt,
das nur durch besondere Gnade der Vorsehung den
Menschen zuteil wird.

Das Prinzip, demzufolge die Zukunft bloß eine Wiederholung der Vergangenheit ist, erwies sich also als un-
genügend, es vermochte nicht einmal die großen Um-
risse der Zukunft erkennen zu lassen; man brauchte
ein weiteres Prinzip. Klar und deutlich ist dieses in
den goldenen Versen dargelegt; es besteht darin, daß
die Natur überall die gleiche ist, ebenso ihr Wirken in
der kleinsten wie in der größten Sphäre, in der höchsten wie in der niedersten; daher lasse sich von der
einen auf die andere schließen und nach Analogien vorgehen. Dieses Prinzip hat seinen Ursprung in dem
alten Dogma von der Beseeltheit des Universums, im
allgemeinen wie im besonderen; es ist ein Dogma, das
von allen Völkern heilig gehalten wurde, und schließt
die Lehre in sich, daß nicht nur das große All, auch
die unzähligen Welten, die seine Glieder bilden, die
Himmel und der Himmel der Himmel, die Gestirne

und ihre Bewohner, bis hernieder zu den Pflanzen und Metallen, von einer und derselben Seele durchdrungen sind und von einem Geist bewegt werden[205]). Stanley schreibt diese Lehre den Chaldäern zu[206]), Kircher den Ägyptern[207]), Maimonides führt sie auf die Sabäer zurück[208]). Saumaise hat, vor mir, den Ursprung der Astrologie auf sie zurückgeführt, und hat damit teilweise recht[209]). Genügt es aber, die Bewegungen des Himmels und die respektive Stellung der Gestirne, die derselben Sphäre angehören wie unsere Erde, zu kennen, um den Reichen, Städten und Individuen das Horoskop zu stellen, und kann man, von dem Ausgangspunkt der zeitlichen Lebensbahn ausgehend, auf den Endpunkt schließen und die glücklichen und unglücklichen Ereignisse voraussehen, die auf dem Wege liegen ? Muß nicht zuvor festgestellt sein, erstens, daß dieser Weg, weil er nur eine beliebige Teilstrecke einer bereits existierenden und durchlaufenen Sphäre ist, dem Gebiet der Notwendigkeit angehört und gekannt werden kann; und zweitens, daß die analogen Beziehungen zwischen der sensiblen Sphäre, die wir untersuchen, und der intelligiblen, die man nicht sehen kann, die Berechtigung geben, von der einen auf die andere zu schließen, und auch: von dem Allgemeinen auf das Besondere ? Daß die Gestirne einen aktuellen und direkten Einfluß auf das Schicksal der Völker und Menschen ausüben und dieses von ihrer günstigen und ungünstigen Stellung abhängt, ist eine falsche und törichte Idee, die in der Finsternis der modernen Zeit entstanden ist; man findet diesen Glauben nicht bei den Alten, auch nicht bei den Ungebildeten und Unwissenden. Die Wissenschaft der Genethlialogie stützte sich auf weniger unvernünftige Prinzipien. Diese stammten aus den Mysterien und gründeten sich, wie oben erwähnt, auf die Anschauung, daß die Zukunft die Wiederholung der Vergangenheit sei, und die Natur überall die gleiche.

Aus der Vereinigung dieser beiden Prinzipien ist die Genethlialogie entstanden, die Wissenschaft, von der man glaubte, daß sie, da sie den Ausgangspunkt jedes Kreislaufes feststellen könne durch den Stand und die Richtung der Gestirne, auch den auf diesen Punkt mit Notwendigkeit folgenden Teil des Kreises zu bestimmen vermöge. Da man sich aber der außerordentlichen Schwierigkeiten und Gefahren, die mit der Ausübung dieser Wissenschaft verbunden waren, bewußt war, hielt man sie verborgen und behandelte sie als Religions- und Staatsgeheimnis. Das Vorhersehen der Zukunft — wenn man es, wie die Alten, überhaupt für möglich hält — gehört allerdings nicht zu den Wissenszweigen, die man der ungebildeten Menge preisgeben dürfte, weil sie nicht in der Lage ist, sich die nötigen Vorkenntnisse zu beschaffen und ihr in den meisten Fällen die Weisheit fehlt, um ihren Gebrauch zu regeln. Sie würde dieses Wissen gar zu leicht herunterziehen oder es mißbrauchen. Die Oberpriester, die allein mit der Ausübung betraut waren, waren Initiierte der großen Mysterien und im Besitz der ganzen Lehre; sie wußten daher, daß die Zukunft, auch in den Grenzen des vollendeten Wissensgrades, der ihnen zu Gebot stand, stets nur eine unbestimmte Zukunft sein könne, ein Plan in großen Umrissen, auf dem der Macht des Willens freie Bewegungsmöglichkeiten zur Verfügung stehen, sodaß, wenn der Stoff auch ein vorher bestimmter ist, die Form es nicht ist, und bevorstehende mögliche Ereignisse durch ein Zusammenwirken von Handlungen und Willensentschließungen aufgehalten, vermieden oder verändert werden können in einer

Weise, die nicht vorher bestimmt oder vorhergesehen werden kann. Daher der vielfach mißverstandene Ausspruch des Teiresias, des größten Hierophanten Griechenlands, den Homer den größten der Weisen nennt[210]): „Was ich schaue wird eintreffen oder auch nicht eintreffen[211])", d. h. das Ereignis, welches ich voraussehe, liegt in der Notwendigkeit des Geschicks und wird geschehen, es sei denn, daß die Macht des Willens es ändert: dann aber wird es nicht geschehen.

17. Streb' nicht danach, zu tun was du nicht weißt;
    Belehr' dich erst: alles — erreicht Geduld und
    Zeit.

Lysis hat in diesen Versen die Summe der Lehre des Pythagoras über das Wissen zusammengefaßt: das Wissen besteht nach ihm darin, daß man zu unterscheiden wisse, was man nicht weiß, und daß man erkennen lernen wolle, was man nicht kennt[212]). Diesen einfachen und tiefen Gedanken hat Sokrates aufgenommen, und auch Plato hat seiner Entwicklung einige seiner Dialoge gewidmet[213]). Dieses Unterscheiden der Dinge, die man nicht weiß, mit dem Lernenwollen dessen, was man nicht kennt, sind aber Dinge, denen man selten begegnet. In ihnen liegt jene rechte Mitte für die Wissenschaft, ihren Besitz zu erringen ist ebenso schwer, wie derjenige der Tugend, und doch ist es nicht möglich, ohne sie sich selbst zu kennen. Wie will man aber die andern erkennen, wenn man sich selbst nicht erkannt hat? Wie sie beurteilen, wenn man nicht Richter der eigenen Person ist? Verfolgen Sie den Gedanken weiter. Wir wissen nur, was wir von andern gelernt oder selbst gefunden haben: um von andern zu lernen, muß man Lehren empfangen wollen, um zu finden, suchen wollen; aber nur das, was man glaubt nicht zu wissen, wird man ernsthaft lernen und suchen wollen. Täuscht man sich über diesen wichtigen Punkt und bildet sich ein, zu wissen was man nicht weiß, so muß man es nutzlos und unnötig finden, lernen und suchen zu wollen, die Unwissenheit ist dann unheilbar. Sie wird zum Widersinn, wenn man sich in Dingen, die man nicht gelernt und gesucht hat, zum Lehrer aufwirft, denn über diese kann man nur in Unkenntnis sein. Das ist der Einwand, den Plato macht, und er zieht daraus die Folgerung, daß alle Fehler, die wir begehen, aus jener Unwissenheit hervorgehen, durch die wir zu wissen vermeinen, was wir nicht wissen[214]).

Zu allen Zeiten ist diese Art der Unwissenheit eine sehr verbreitete gewesen, doch war sie, wie mir scheinen will, nicht auf dem Höhepunkt angelangt, den sie in den letzten Jahrhunderten bei uns erreicht hat. Noch mit dem Schlamm des Barbarentums behaftet, hat man sich zu Richtern des Altertums gemacht, ohne sich die Zeit und Mühe genommen zu haben, es wirklich zu kennen, und hat die großen Männer, durch die es berühmt geworden ist, als Unwissende, Betrüger, Fanatiker oder Toren hingestellt. Ich kenne Musiker, die mir ernsthaft versicherten, die Griechen wären auf dem Gebiet der Musik die reinen Bauern gewesen; die Wunder, die sie durch diese Kunst gewirkt, gehörten in das Gebiet der Märchen, jeder unserer Dorfgeiger könne dieselben Wirkungen erzielen wie Orpheus, Terpander, Timotheus, wenn er die gleichen Zuhörer hätte[215]). Mit demselben Gleichmut haben mich Kritiker darüber belehrt, daß die Griechen aus

der Zeit des Homer weder zu lesen noch zu schreiben
verstanden, und daß Homer selbst, falls er überhaupt
existiert habe, nicht die Buchstaben des Alpha-
bets gekannt habe[216]); seine Existenz aber sei ein
Traum[217]), und die ihm zugeschriebenen Werke un-
verdautes Zeug plagiärer Rhapsoden[218]). Weiter finde
ich dann als Höhepunkt der Absonderlichkeiten die
Behauptung, der erste Herausgeber der Dichtungen
Homers, der kraftvolle Gesetzgeber Spartas, Lykurg,
sei ein unwissender und ungebildeter Mensch gewesen,
ein Analphabet[219]); eine eigentümliche Zusammen-
stellung, in die hier der Autor und der Herausgeber der
Ilias gebracht sind! Es hat sogar ein Erzbischof von
Thessalonika, Gregorius, wie Leo Allasi in seinem
Buch, de Patriae Homeri, anführt, in heiliger Entrüstung Homer das Werkzeug des Bösen genannt, und
seinen Lesern mit der Verdammung gedroht. Ich erwähnte bereits, daß Bacon, von demselben unglück-
seligen Vorurteile hingerissen, durch welches man die
Dinge beurteilt, ohne sie zu kennen, über die Philosophie der Griechen den Stab gebrochen hat, seine
zahlreichen Schüler sind noch weiter gegangen als er.
Condillac, das Haupt des modernen Empirismus, sah
in Plato nur eine verworrene Metaphysik, die der
Beachtung nicht wert sei, und in Zeno eine Logik ohne
Vernunftgründe und Prinzipien. Ich hätte gewünscht,
daß Condillac, der die Analyse so hoch schätzt, die
Metaphysik des Einen und die Logik des Andern seiner
Analyse unterzogen hätte, um mir den Beweis zu erbringen, daß er diese Dinge, die er so geringschätzig
beurteilt, zum mindesten kannte. Doch hat er leider
dies zu tun versäumt. Sie werden in den meisten
Büchern dieselbe Auffassung antreffen; sind die Autoren Theologen, so werden sie Ihnen sagen, Sokrates,

Pythagoras, Zoroaster, Konfuzius seien Heiden gewesen, und als solche wahrscheinlich der Verdammnis wert. Ihre Theosophie wird sie mit Verachtung erfüllen. Sind sie Physiker, so werden sie Ihnen die Versicherung geben, Thales, Leukipp, Heraklit, Parmenides, Anaxagoras, Empedokles, Aristoteles und die andern alle wären schwachsinnige Träumer gewesen, und werden ihre Systeme belächeln, die Astronomen über ihre Astronomie, die Naturforscher, Chemiker und Botaniker über ihre Methoden. Die Wunder, die sie in Aristoteles und Plinius nicht verstehen können, werden sie der Leichtgläubigkeit, der Dummheit oder der Unzuverlässigkeit zur Last schreiben. Aber weder die einen noch die andern werden ihre Behauptungen zu begründen suchen, sondern wie solche, die Leidenschaft und Unwissenheit verblendet haben, werden sie die Tatsache hinstellen, nicht die Frage erörtern, oder Phantome erfinden, um sie zu bekämpfen, die sie den eigenen Ideen entnommen haben, weil sie die andern nicht kannten. Ohne den Prinzipien auf den Grund zu gehen, sich nur an die Form haltend, die gewöhnlichsten Anschauungen ohne Kritik annehmend, werden sie in denselben Fehler verfallen, den sie in Betreff der Genethlialogie begangen haben, und werden, weil sie diese Wissenschaft mit der Astrologie der Modernen verwechseln, Teiresias und Nostradamus auf eine Stufe stellen, und den Unterschied zwischen den Orakeln von Ammon und Delphi und der Wahrsagerei einfachster Kartenschläger nicht sehen.

Ich will keineswegs behaupten, daß diese Voreingenommenheit gegen das Altertum von allen modernen Gelehrten geteilt worden ist. Es hat gewiß unter ihnen manche rühmliche Ausnahmen gegeben. Es sind auch einige von ihnen, von der Notwendigkeit nützlicher Reformen bewogen, oder von der Einsicht, daß neue Systeme am Platz seien, zu der rechten Mittelstraße zurückgekehrt, besonders wenn der Eifer und das eigene Interesse in den Hintergrund traten. Zu ihnen gehört auch Bacon; die Philosophie verdankt ihm zu viel, um ihm nicht einige nebensächliche Fehler nachsehen zu können, auch bin ich weit davon entfernt, ihm die Fehler seiner Schüler zuzurechnen. Er hat, auf die Gefahr hin sich zu widersprechen, und trotzdem er alles unter das Licht der Erfahrung stellen zu müssen geglaubt hat, seinem Gefühl für die Wahrheit nachgebend, doch auch positive und wirkliche Allgemeinwahrheiten anerkannt, die seiner Methode nach nicht zu erklären sind[220]). Er vergißt, was er an anderer Stelle über Plato gesagt hat und gibt zu: daß dieser hochbegabte Philosoph, der die gesamte Natur vor seinem Blick vorüberziehen läßt und alles wie von einer Bergeshöhe aus betrachtet, in seiner Ideenlehre sehr richtig die wahren Objekte der Wissenschaft zu unterscheiden verstanden habe[221]). Wenn er von der Physik sagt, ihre Aufgabe sei, sich mit den Prinzipien und dem Zusammenhang der Dinge zu beschäftigen, zählt er die Astrologie ihrem Gebiet zu und vergleicht sie mit der Astronomie in einer Weise, die beweist, daß er sie nicht mit der vulgären Astrologie verwechselt. Er war der Meinung, daß einerseits die Astronomie, obgleich sie richtig auf Phänomenen gegründet sei, doch der Gründlichkeit entbehre, und daß andererseits die Astrologie ihrer wahren Prinzipien verlustig gegangen sei. Er gestand der Astronomie zu, daß sie das Äußere der himmlischen Phänomene darstelle, das heißt die Zahl, den Stand, die Bewegung und die Perioden der Gestirne, warf ihr aber den Mangel an Kenntnis der physikalischen Gründe dieser Phänomene vor. Eine einfache Theorie, die sich begnüge, dem Schein zu genügen, sei leicht. Darüber ließen sich unzählige Hypothesen aufstellen. Die astronomische Wissenschaft müsse weiter gehen. „Man gibt sich mit mathematischen Beobachtungen und Demonstrationen ab", sagt er, „statt die Ursachen der himmlischen Phänomene darzustellen; diese Beobachtungen und Demonstrationen können gewiß einige geistreiche Hypothesen abgeben, nach welchen man sich eine Idee des Gesamtbildes zusammenstellen kann, die den eigenen Kopf befriedigt, die aber nicht klar und deutlich erkennen läßt, wie und warum es in Wirklichkeit so ist. Sie bezeichnen höchstens die scheinbaren Bewegungen, das künstliche Gesamtbild, die willkürliche Kombination all dieser Phänomene, nicht die eigentlichen Ursachen und die Wirklichkeit der Dinge; in dieser Hinsicht zeugt es von wenig Urteil, daß man die Astronomie unter die mathematischen Wissenschaften rechnet; diese Klassifikation tut ihrer Würde Abbruch[222]." Die Astrologie, so verlangte Bacon, solle einer vollständigen Revision unterzogen werden, indem man sie auf ihre eigentlichen Prinzipien zurückführe, das heißt indem man alles Kleinliche und dem Aberglauben Entstammende, das durch die Unwissenheit der Volksmassen in sie hineingetragen sei, entferne und nur die Ideen des Altertums bezüglich der großen Umwälzungen beibehalte. Diese Gedanken sind freilich nicht ganz im Einklang mit denen seiner Schüler. Diese haben es denn auch unterlassen, sie auszuführen.

18. Auf deine Gesundheit hab' acht; . . . . .

Es war ursprünglich meine Absicht, an dieser Stelle
näher auf die Ansichten des Pythagoras und der Weisen
des Altertums über die Medizin einzugehen und ihre
Prinzipien klarzulegen, die in vieler Beziehung von
denen der Jetztzeit abweichen. Es ist mir aber klar
geworden, daß ein so wichtiger Gegenstand zu eingehende Erörterungen, die den Rahmen dieses Buches
überschreiten, erfordern würden. Ich verschiebe es auf
einen gelegeneren Zeitpunkt und ein entsprechenderes
Werk. Dieser Vers des Lysis bedarf auch keiner Erläuterung, er ist klar. Der Philosoph gibt den Rat,
selbst auf die eigene Gesundheit zu achten, sie durch
Enthaltsamkeit und Mäßigkeit zu erhalten und Sorge
zu tragen, daß man im Stande sei, ohne die Hilfe
anderer sie wieder herzustellen, wenn sie in Unordnung geraten ist. Diese Vorschrift war so allgemein
bekannt bei den Alten, daß sie sprichwörtlich geworden ist.

Der Kaiser Tiberius, der sie sich zur Lebensregel gemacht hatte, hat den Ausspruch getan, daß derjenige
ein Ignorant sei, der nach dem Arzte schickt, wenn er
die Dreißig überschritten habe[223]). Allerdings hatte
Tiberius der Vorschrift nicht die Übung der Mäßigkeit,
die Lysis in den nächsten Versen anempfiehlt, bei-
gefügt. Er erreichte auch nur das Alter von 78 Jahren,
trotz seiner starken Konstitution. Hippokrates, der
Vater der medizinischen Wissenschaft in Griechenland und ein eifriger Anhänger des Pythagoras, lebte
104 Jahre. Xenophilos, Apollonius von Thyana, Demo-
nax und andere pythagoräische Philosophen erreichten
das Alter von 106 bis 110 Jahren. Pythagoras wurde

90

trotz der vielen Verfolgungen, denen er gegen das Ende seines Lebens ausgesetzt war, 99 Jahre alt, manche Schriftsteller geben an, er habe das hundertste Lebensjahr überschritten[224]).

19 . . . . . . Verteile mit Maß
die Nahrung dem Leib, Erholung dem Geist.

Pythagoras betrachtete den Leib als das Werkzeug der Seele und verlangte darum, daß man ihm die vernünftige und nötige Pflege angedeihen lasse und ihn in dem Zustand erhalte, stets den Befehlen der Seele nachkommen zu können. Die Erhaltung des Leibes zählte er zu den Tugenden der Reinigung[225]).

20. Doch sorge nicht zu viel, und sorge nicht zu
wenig;
Dem Übermaß hängt leicht der Neid sich an.

Treu seiner Regel von der rechten Mitte, verlangt der Philosoph auch hier wieder von seinen Schülern, daß sie in jeder Beziehung das Übermaß vermeiden sollen und sich durch eine zu abweichende Lebensweise von den andern nicht bemerkbar machen. Es war eine im Altertum sehr allgemeine Ansicht, daß der Neid, schmachvoll für den, der ihn hegt, gefährlich für den, der ihn hervorruft, für beide Teile unheilvolle Folgen nach sich ziehe[226]). Der Neid hängt sich gewiß an alles, was die Menschen zu offensichtlich vor andern auszeichnet. Trotz allem, was über die außergewöhnlichen Lebensregeln und die strenge Enthaltsamkeit, die Pythagoras seinen Schülern auferlegt habe, berichtet worden ist, scheint es über allem Zweifel zu stehen, daß sie erst nach seinem Tode eingeführt worden sind, und daß seine Interpreten sich durch den geheimen Sinn seiner Symbole täuschen ließen und im buchstäblichen Sinn verstanden haben, was er bildlich gemeint hat. Er hat stets nur die Unmäßigkeit getadelt, im übrigen aber den mäßigen Genuß aller gebräuchlichen Nahrungsmittel gestattet. Er teilte auch nicht den Abscheu seiner Schüler für Feigen, und hat sie häufig genossen[227]). Auch hat er niemals den Genuß von Wein, Fleisch und Fischen verboten, wie behauptet worden ist[228]), weil ohnehin seine Schüler, die den höchsten Grad der Vervollkommnung erstrebten, sich dieser Dinge enthielten[229]). Das Trinken und die Unmäßigkeit stellte er aber als verabscheuungswürdige Laster hin, die man zu vermeiden habe[230]). Obgleich er die vegetarische Diät vorzog und sie im täglichen Leben einhielt[231]), pflegte er ohne Skrupel von dem Wein und den Fleischgerichten, die man ihm vorsetzte, zu genießen, um zu beweisen, daß er sie nicht als unrein betrachtete[232]). Ich komme später auf den geheimen Sinn der Symbole zurück, durch welche er den Anschein erweckt hat, als habe er den Genuß gewisser Nahrungsmittel, besonders der Feigen, verboten.

21. Und Geiz und Luxus zeit'gen gleiche Folgen;
    Der rechte Weg ist der der rechten Mitte.

Den Abschnitt der pythagoräischen Lehre, der die Reinigung behandelt, beschließt Lysis mit einem Satz, der sie im Allgemeinen und im Besonderen charakterisiert. Er hat zuerst die rechte Mitte in der Tugend und Wissenschaft erörtert, hat sie dann in Bezug auf die Lebensführung anempfohlen. Jetzt nennt er sie klar mit Namen und sagt deutlich heraus, daß die Gegensätze sich berühren, daß Luxus und Geiz nur in ihren Wirkungen verschieden sind, und daß die Philosophie darin bestehe, jede Maßlosigkeit zu vermeiden. Hierokles fügt hinzu, um glücklich zu sein, müsse man wissen wo, wann und wieviel zu schöpfen; wer diese Grenzen nicht kenne, werde stets unglücklich sein. Er begründet es folgendermaßen: „Die Lust ist notwendigerweise die Wirkung einer Handlung. Ist die Handlung gut, so bleibt die Lust bestehen; ist sie schlecht, so vergeht die Lust und verdirbt. Tut man etwas Gemeines mit Vergnügen — die Lust geht vorüber, die Gemeinheit bleibt. Tut man etwas Schönes mit tausend Mühen und tausend Hindernissen, so vergehen die Schmerzen, das Schöne bleibt allein übrig. Hieraus folgt mit Notwendigkeit, daß ein schlechtes Leben ebenso bitter ist und ebenso viel Trauer und Kummer hervorbringt, wie ein gutes Leben süß ist und Freude und Zufriedenheit hervorruft[233]."

Die Weisen der Inder sagen: „Wie die Flamme der Fackel stets nach oben strebt, nach welcher Richtung hin man sie bewege, so wendet sich auch der Mensch, dessen Herz von der Tugend erfüllt ist, stets dem Ziele zu, auf das die Weisheit ihn hinweist[234]".

„Wie das Echo der Stimme und der Schatten dem Schreitenden, so folgt das Unglück dem Laster, und das Glück der Tugend", sagen die Chinesen[235].

„O Tugend! göttliche Tugend!" ruft Konfuzius aus[236]); „eine himmlische Macht zeigt dich uns, eine innere Kraft führt uns dir entgegen; glücklich ist der Sterbliche, in dem du wohnst! Mühelos trifft er das Ziel; ein einziger Blick genügt ihm, um in die Wahrheit einzudringen. Sein Herz wird ein Tempel des Friedens; seine Neigungen selbst behüten seine Unschuld. Nur den Weisen ist es gegeben, diesen seligen Zustand zu erreichen. Wer ihn erstrebt, muß sich für das Gute entscheiden, sich fest an das Gute schließen; sich selbst zu erkennen suchen; die Natur befragen, alles mit Fleiß untersuchen, es bedenken, nichts an sich vorüberziehen lassen, ohne in seine Tiefe einzudringen. Er soll die Fähigkeiten seiner Seele entwickeln, mit ganzer Kraft denken, Kraft und Ausdauer in seine Handlungen legen. Doch ach! wie wenige sind es, die die Tugend suchen und die Erkenntnis, wie viele bleiben auf der Hälfte des Weges stehen, weil das Ziel noch fern liegt! Meine Studien, sagen sie, lassen mir meine ganze Unwissenheit, alle meine Zweifel; meine Anstrengungen und meine Arbeit erweitern mir nicht den Blick und nicht die Einsicht; es hängen dieselben Wolken immer noch über meinem Denken und verfinstern es; ich fühle, daß die Kräfte mich verlassen und meine Willenskraft sich unter der Schwere der Hindernisse beugt. Was tut das? Hütet euch vor dem Kleinmut! Was andere mit dem ersten Versuch erreicht haben, das werdet ihr mit dem hundertsten erreichen, und was ihnen bei dem hundertsten gelang,

wird euch bei dem tausendsten gelingen.''
,,Der Ausdauer kann nichts widerstehn,
Wie hoch auch das Ziel, das der Weise gesehn.
Keine Mauer zu hoch, die er nicht nimmt;
Der Geduld und der Zeit ist die Herrschaft bestimmt.''

Die Vervollkommnung

22. Es soll der Schlaf dir nicht die Lider schließen,
Bevor du dich gefragt, was du getan, versäumt.

Nachdem Lysis den Weg gezeigt hat, auf welchem
Pythagoras seine Schüler zur Tugend führen will, lehrt
er ihnen jetzt den Gebrauch der himmlischen Habe,
deren sie teilhaftig geworden. Er hat sich bis hierher
mit dem Teil der Lehre beschäftigt, der von der Reinigung handelt, und wendet sich nun demjenigen zu,
der die Vereinigung des Menschen mit der Gottheit
anstrebt, indem er ihn dem himmlischen Vorbild aller
Vollkommenheit und Weisheit, Gott selbst, immer
ähnlicher gestaltet. Das Werkzeug ist in seine Hand
gelegt, das allein imstande ist, diese Verbindung zu
bewirken. Es liegt in dem Gebrauch des Willens zum
Guten: durch die Tugend kann er zur Wahrheit gelangen. Die Wahrheit aber ist der Gipfel, das Ende der
Vollkommenheit, über sie hinaus und unter ihr gibt
es nichts als den Irrtum. Aus ihrem Schoß entspringt
das Licht, sie ist, nach Pythagoras[237]), die Seele
Gottes, dem Gesetzgeber der Inder zufolge Gott
selbst[238]).
Die erste Vorschrift, die Pythagoras seinen Jüngern
auf den Weg der Vervollkommnung mitgibt, bezweckt,
sie zu einer inneren Sammlung, zu sich selbst zurück
zu führen. Sie sollten über ihre Handlungen und Gedanken nachsinnen, sich nach ihren Beweggründen
fragen, sich, mit einem Wort, Rechenschaft geben
über das, was sie innerlich und äußerlich bewegte,
und sich auf diese Weise selbst kennen lernen. Die
Selbsterkenntnis sollte allem anderen Wissen voran-

gehen und sie zu allen anderen Kenntnissen führen. Es ist unnötig, auf die Wichtigkeit, die die Alten diesem Punkte beilegten, von neuem hinzuweisen. Meine Leser wissen zweifellos, daß die Morallehre des Sokrates und die Philosophie Platos nur eine Weiterentwicklung dieses Gedankens sind, und daß eine Tafel auf dem Tempel zu Delphi, des heiligsten Tempels in Griechenland, die Worte trug[239]): Kein Zuviel, und erkenne dich selbst. Diese wenigen Worte enthalten die Lehre der Weisen; sie führten ihnen die Prinzipien vor Augen, auf denen die Tugend beruht und die Weisheit, die ihre Folge ist. Sie waren stark genug, um in der Seele des Heraklit ein Feuer zu entfachen und die Keime des Genius zu entwickeln, die kalt und untätig bis dahin in ihr geschlummert hatten. Wir brauchen uns also nicht weiter damit aufzuhalten, die Notwendigkeit einer Erkenntnis zu beweisen, ohne welche jede andere nur Zweifel und Dünkel bliebe. Ich will hier nur kurz untersuchen, ob sie überhaupt möglich ist. Plato hat seine ganze Lehre auf ihr aufgebaut. Wie Sokrates vor ihm, hat auch er gelehrt, daß die Unkenntnis über sich jede andere Unkenntnis nach sich zieht, alle Fehler, alle Laster, alles Unglück, während die Selbsterkenntnis alle Tugenden und alles Glück im Gefolge hat[240]). Er hielt diese Erkenntnis also zweifellos für möglich; hätte er es nicht getan, so hätte er seiner Lehre die Grundpfeiler niedergerissen. Nun hat aber Sokrates in dem Bestreben, sich von den Sophisten seiner Zeit zu unterscheiden, die alles zu wissen behaupteten, gesagt, daß er nichts wisse; und Plato sich in seinen Unterweisungen einer Dialektik bedient, die vom Zweifel ausgeht, um zur Wahrheit zu gelangen, die Dinge in ihrer Eigenart zu ergründen sucht, und sich bemüht, ihre Wirklichkeit

96

von ihrem Schein zu trennen; die Lieblingsmaxime beider Philosophen war, man solle sich frei zu machen suchen von jedem Vorurteil und sich nicht einbilden zu wissen, was man nicht weiß, nur klar erwiesenen Wahrheiten dürfe man zustimmen. Die Folge war, daß die Schüler dieser großen Denker, den eigentlichen Sinn der Lehre aus den Augen verlierend, die Mittel mit dem Ziel verwechselten, weil sie sich einbildeten, die höchste Weisheit bestehe im Zweifel, der zur Wahrheit führt, stellten sie den Satz auf, daß der Weise nichts bejahen und nichts verneinen dürfe, und seine Zustimmung zwischen dem Für und Wider in Unentschiedenheit erhalten soll[241]). Der Hauptvertreter dieser Richtung, Arkesilas, war ein Mann von umfassendem Wissen, redegewandt[242]) und physisch wie moralisch reich begabt, aber durch eine innere Scheu verhindert, diejenigen Dinge klar ins Auge zu fassen, die ihm für verboten und heilig galten. Äußerlich kühn bis zur Gewissenlosigkeit, war er im Grunde zaghaft und abergläubisch[243]). Da seine Forschungen nicht genügt hatten, die Gewißheit einiger Prinzipien festzustellen, täuschte seine Eitelkeit ihm vor, diese Gewißheit sei überhaupt nicht zu finden. Aberglauben und Eitelkeit führten ihn dazu, die Unwissenheit der Menschen dem Willen der Gottheit zuzuschreiben. Dem Sinn eines Ausspruchs Hesiods gemäß, den er stets im Munde führte, stellte er die Behauptung auf, sie habe einen undurchdringlichen Schleier zwischen sich und dem Menschen ausgebreitet[244]). Die Wirkung dieser Unwissenheit nannte er Akatalepsie, das heißt das Nichtverstehenkönnen oder die Unfähigkeit, den Schleier zu lüften. Eine große Zahl seiner Schüler schloß sich dieser Auffassung an und dehnte sie auf die verschiedenartigsten Dinge aus. Sie bejahten und verneinten abwechselnd dieselbe Sache, stellten ein Prinzip auf und verwarfen es wieder; verwickelten sich in widersprechende Argumente, um zu beweisen, daß man nichts wissen könne, und rühmten sich, das Gute und das Böse zu ignorieren und zwischen Tugend und Laster nicht unterscheiden zu können[245]). Wir haben es hier mit der traurigen Wirkung eines ersten Irrtums zu tun. Arkesilas ist ein Beweis für das, was ich über die rechte Mittelstraße und die Ähnlichkeit zwischen zwei Extremen gesagt habe. Er wurde der Führer einer Schar verwegener Atheisten, die zuerst die Prinzipien, auf denen Logik und Moral beruhen, in Zweifel zogen, dann sich gegen diejenigen der Religion wandten, und den Sturz der letzteren herbeiführten. Um diese Bewegung, an der er die Schuld trug, zum Stillstand zu bringen, versuchte er zwei Lehren aufzustellen, eine öffentliche, in der er den Skeptizismus lehrte, und eine geheime, in der er das Dogma aufrecht erhielt[246]). Doch vergeblich. Der Zeitpunkt war dieser Unterscheidung nicht mehr günstig. Er gewann dabei nichts, und trat nur einem andern den wenig beneidenswerten Ruhm ab, seinen Namen der neuen Sekte der Zweifler zu geben. Diese Ehre wurde Pyrrhon zu teil. Er war ein harter, unbeugsamer Charakter, gleichgültig dem Leben und dem Tode gegenüberstehend, vermochte ihn nichts zu fesseln, nichts ihn auf seinem Wege aufzuhalten. Diejenigen, die an allem zu zweifeln vorgaben und die Wahrheit nirgends anerkennen wollten, scharten sich um ihn. Nach seiner Lehre besteht die Weisheit in einer absoluten Ungewißheit, das Glück in vollkommener Untätigkeit, das Genie darin, in der Kunst alles Geniale durch die Anhäufung widersprechender Schlußfolgerungen zu ersticken[247]). Pyrrhon hegte eine große

Geringschätzung für die Menschheit; und das erklärt, wie er es wagen konnte, eine derartige Lehre aufzustellen. Er führte stets den Vers des Homer im Munde: „Gleich wie die Blätter im Winde, so sind die Geschlechter der Menschen²⁴⁸)". Hier möchte ich noch darauf hinweisen, daß der Gedanke des Hesiod von dem Schleier, den die Götter zwischen sich und den Menschen ausbreiten, auf den Arkesilas seine Akatalepsie aufgebaut hat, aus Indien stammt²⁴⁹), dort aber nicht zu denselben Folgerungen geführt hat. Denn wenn die Brahmanen auch das Vorhandensein dieses Schleiers lehrten, der den Unwissenden durch eine Reihe illusorischer Phänomene in die Irre leite, so haben sie keineswegs behauptet, es sei unmöglich, ihn zu heben; damit hätten sie an die Macht des menschlichen Willens gerührt, und an seine Vervollkommnungsfähigkeit, dieser aber setzten sie keine Grenzen. Pythagoras dachte ebenso, wie wir später sehen werden. Doch wollen wir uns jetzt wieder den Skeptikern zuwenden.

Degerando, dem wir eine geistreiche und unparteiische vergleichende Geschichte der philosophischen Systeme verdanken, hat recht, wenn er sagt, es gäbe zweierlei Arten des Skeptizismus, einen Skeptizismus der Kritik und der Reform, den wir gegen den Geistesdünkel und die Vorurteile notwendig brauchen, und einen absoluten und entschiedenen Skeptizismus, der Wahrheiten und Irrtümer verwechselt und gegen beide zu Felde zieht²⁵⁰). Ersterer, den Sokrates eingeführt und Bacon und Descartes erneuert haben, ist ein Heilmittel, dessen sich die Vorsehung gegen eine der schlimmsten Krankheiten des menschlichen Geistes bedient, gegen die dünkelhafte Unwissenheit, die glauben macht, man wisse etwas, was man nicht weiß; die andere Form des

Skeptizismus ist nur ein Übermaß und Mißbrauch des ersteren, es ist dasselbe Heilmittel, aber durch eine Verirrung der Vernunft in Gift verwandelt; indem es ihn über die Grenzen der Umstände, die sein Eingreifen verlangten, hinausführt und ihn dazu benutzt, sich selbst zu zerfleischen, macht sie die Quelle versiegen, aus der alles fließt, was zu dem Fortschritt der menschlichen Erkenntnis beiträgt[251]). Arkesilas ist der erste gewesen, der ihn durch Übertreibung der Maximen des Sokrates in die Akademie eingeführt hat. Pyrrhon hat dann aus ihm ein besonderes System der Zerstörung unter dem Namen Pyrrhonismus weiter entwickelt. Dieses System hatte bald ganz Griechenland mit seinem Gift angesteckt, trotz des kräftigen Widerstandes des Stoikers Zeno, der von der Vorsehung berufen schien, dem Unheil entgegenzutreten[252]). Dieses System wurde durch Carneados, das Haupt der dritten Akademie, nach Rom gebracht. Seine die öffentliche Moral untergrabenden Maximen riefen das Entsetzen Catos hervor, der sie mit der Philosophie verwechselte und darob einen unversöhnlichen Haß gegen diese faßte[253]). Als der strenge Republikaner Karneades gegen die Gerechtigkeit reden, die Existenz der Tugend ableugnen, die göttliche Vorsehung und die Grundwahrheiten der Religion anzweifeln hörte, erfaßte ihn eine große Geringschätzung für eine Wissenschaft, die derartige Argumente hervorbringen konnte[254]). Er verlangte die Rücksendung des griechischen Philosophen, damit die römische Jugend nicht von seinen Irrtümern verführt werde, doch war es bereits zu spät. Die zersetzenden Keime, die Karneades zurückließ, hatten schon heimlich im Schoß des Staats zu gären begonnen, sie entwickelten sich bei der ersten günstigen Gelegenheit, wuchsen und erzeugten den furchtbaren Koloß, der, nachdem er sich der öffentlichen Meinung bemächtigt, die einfachsten Begriffe über gut und schlecht verdunkelt und die Religion vernichtet hatte, die Republik der Sittenlosigkeit und dem Bürgerkrieg preisgab und sie dem Zerfall zuführte. Im römischen Kaiserreich erhob er sich noch einmal, vertrocknete vor der Zeit die Lebensprinzipien, die es in sich trug, machte die Einführung eines neuen Kults notwendig, und öffnete so fremden Irrtümern und zugleich den Waffen der Barbaren die Tür. Dieser Koloß ist dann später das Opfer seines eigenen Ungestüms geworden; nachdem er sich selbst zerrissen und zerfleischt hat, ist er von der von ihm selbst angehäuften Asche begraben worden. Auf seinen Trümmern blieb die Unwissenheit stehen und hat in Europa regiert, bis Bacon und Descartes auftraten. Sie erweckten den sokratischen Skeptizismus zum Leben und suchten die Geister auf die Erforschung der Wahrheit wieder hinzulenken. Doch ging dieses nicht an, ohne gleichzeitig auch einige Reste des pyrrhonischen Zweifels zu erwecken; von ihrem Eifer und ihren Vorurteilen genährt, hat er sich ihrer Schüler bemächtigt und sie auf Irrwege geführt. Dieser neue Skeptizismus erscheint in Montaigne naiv, in Hobbes dogmatisch, verborgen in Locke, gelehrt in Bayle, paradox, aber auch verführerisch in den meisten Schriftstellern des achtzehnten Jahrhunderts, und reißt jetzt unter dem Deckmantel der sogenannten Experimentalphilosophie die Geister zu einer gewissen empirischen Routine fort. Die Vergangenheit herabsetzend und die Zukunft entmutigend, sucht er durch alle Mittel den Fortschritt des menschlichen Geistes aufzuhalten. Was die modernen Skeptiker bis zur Ermüdung verlangen, ist nicht einmal der Wahrheitscharakter oder der Beweis für den Beweis desselben[25b]), es ist vielmehr die Beweisführung für die Möglichkeit, diesen Charakter zu erkennen und zu beweisen. Sie haben diese neue Spitzfindigkeit aus den unfruchtbaren Anstrengungen einiger Gelehrten in Deutschland gezogen, die der Möglichkeit einer Selbsterkenntnis eine Grundlage zu geben suchten, eine solche aber nicht zu geben vermochten. Ich werde im nächsten Kapitel die Erklärung geben, weshalb die Gelehrten diesen Grund nicht finden konnten. Hier möchte ich vorerst noch meinen Lesern zeigen, wie man meiner Ansicht nach die beiden Arten des Skeptizismus am besten feststellen kann. Eine einfache Frage genügt, um zu wissen, ob der Skeptiker der Schule des Sokrates oder des Pyrrhon angehört. Ehe man sich auf eine Diskussion mit ihm einläßt, soll er klar auf die Frage antworten, ob er einen Unterschied gelten läßt zwischen dem, was ist und dem, was nicht ist. Gehört er der sokratischen Schule an, so wird er diesen Unterschied anerkennen und ihn erklären; damit gibt er sich sofort zu erkennen. Gehört er aber zu der Schule Pyrrhons, so wird er die Frage auf eine der nachstehenden Arten beantworten. Er wird den Unterschied entweder gelten oder nicht gelten lassen, oder sagen, er wisse es nicht, ob ein solcher vorhanden sei. Gibt er ihn zu, ohne ihn zu erklären, so ist er geschlagen; läßt er ihn nicht gelten, so fällt er ins Absurde; gibt er vor, es nicht zu wissen, so macht er sich lächerlich.

Er ist geschlagen, wenn er den Unterschied zwischen dem, was ist, und dem, was nicht ist, gelten läßt, denn ist dieser gegeben, so ist damit auch die Existenz des Seins bewiesen. Diese beweist auch die des Skeptikers, mit dem wir reden. Wenn der Beweis für seine Existenz erbracht ist, so sind damit auch alle anderen Existenzen bewiesen, ob man sie in ihm oder außer ihm liegend betrachtet.

Er verfällt ins Absurde, wenn er den Unterschied nicht zugibt, denn man beweist ihm dann, daß $1 = 0$ ist, und der Teil so groß wie das Ganze.

Wagt er aber zu sagen, er wisse nicht, ob ein Unterschied vorhanden ist zwischen dem, was ist, und dem, was nicht ist, so macht er sich lächerlich, denn man frägt ihn dann, was er im Alter von sechs Monaten, von einem, von zwei Jahren, vor vierzehn Tagen und gestern getan hat. Wie er auch antworten mag, wird er sich lächerlich machen, denn wie kommt es, daß er es nicht eben noch tut?

Einen Skeptiker zu schlagen, der alles bezweifelt, ist also nicht schwer, denn gibt er nur eine einzige Differenz zu, so gelangt er zu einer Gewißheit, eine Gewißheit aber beweist alle anderen, folglich zweifelt er nicht mehr an allem. Zweifelt man aber nicht an allem, so kommt es darauf an, zu wissen, woran man und woran man nicht zweifeln soll: hierin liegt aber das Charakteristische des Skeptikers der sokratischen Schule.

23. War's schlecht, enthalte dich; war's gut, so fahre fort.

Hat der Skeptiker diesen Unterschied zwischen dem, was ist, und dem, was nicht ist, zugeben müssen, und man führt ihn nun zu der weiteren Folgerung, daß auch zwischen Gut und Böse ein Unterschied existiert, bleibt ihm dann nicht trotzdem noch das Recht, zu sagen, daß, wenn sie sich auch im allgemeinen von

einander unterscheiden und daher getrennt existieren
können, dieses doch nicht verhindere, daß man sie
im einzelnen Fall mit einander verwechseln könne?
Bis man ihm beweise, daß diese Erkenntnis und überhaupt Erkenntnis möglich sei, müsse er im Zweifel
darüber bleiben, ob der Mensch zu solcher Unterscheidung befähigt sei. Das allerdings heißt den
Zweifel weit treiben. Es ist aber eigentlich unnötig,
hierauf zu antworten, da der Skeptiker den Unterschied zwischen dem, was ist, und dem, was nicht ist,
bereits zugegeben hat und damit zu einer Erkenntnis
des Seins gelangt ist. Lassen Sie uns also diesen Punkt
beiseite lassen und untersuchen, warum es den deutschen Gelehrten so schwer gefallen ist, eine Schwierigkeit zu lösen, deren Urheber sie selbst gewesen sind.
Einer der klügsten Köpfe, die Europa hervorgebracht
hat seit dem Zeitpunkt, an welchem das Licht der
Erkenntnis erloschen ist, Kant, hat, um den endlosen
Kampf zwischen Dogmatismus und Skeptizismus mit
einem Schlage zu vernichten, zuerst das kühne Projekt
gefaßt, eine Wissenschaft zu begründen, die a priori
die Möglichkeiten, Prinzipien und Grenzen der Erkenntnis feststellen soll[256]). Diese Wissenschaft, die
er Kritik[257]) oder Methode des Urteilens nannte, hat
er in mehreren großen, schwer verständlichen Werken
entwickelt. Ich will mich nicht mit einer Darlegung
seiner Methode beschäftigen, die hier nicht am Platze
wäre und zu weit führen würde. Meine Absicht ist nur,
zu zeigen, wo sie nachgibt und wie sie den Skeptikern
neue Waffen in die Hand lieferte, weil sie das Versprechen, die Grundlagen der Erkenntnis zu bestimmen, nicht einhält. Ich gehe von der Voraussetzung
aus, daß die Lehre Kants bekannt ist, und möchte hier
nur das Resultat des allgemeinen Eindrucks wieder-

geben, den sie auf mich gemacht hat. Kant behauptet, alle seine Lehrsätze auf Prinzipien a priori zu gründen, das heißt er abstrahiert von allen durch die Erfahrung gegebenen Grundlagen. Von einem höheren Standpunkt aus forscht er dann nach den Vernunftgründen derselben, den Gründen an sich, unabhängig von ihren Wirkungen; er will auf diese Weise zu einer transzendentalen und rein intelligiblen Theorie über das Prinzip der Erkenntnis gelangen. Dabei aber ist er zu dem Gegenteil von dem gelangt, was sein Zweck war; denn er fand, was er nicht gesucht hatte, das Wesen der Materie. Von allen philosophischen Systemen, die ich kenne, gibt es keines, das in so treffender Weise die Urmaterie, aus der das Weltall gebildet ist, charakterisiert. Es ist nicht möglich, sie besser zu erfassen und darzustellen. Er gebraucht kein Bild, kein Symbol, und sagt, was er sieht, mit einem Freimut, der Pythagoras, und Platos Entsetzen erregt hätte, frei heraus. Denn was der Weise von Königsberg über das Sein und Nichtsein der Materie lehrt, über ihre Wirklichkeit, die durch die Intuition erfaßt wird, und ihre phänomale Erscheinung, über ihre wesentlichen Formen, Raum und Zeit, und über die Arbeit des Geistes an diesem Sein, dem eine doppelseitige Natur zu Grunde liegt, und das, obgleich es stets sich erzeugt, doch niemals existiert, — das wurde alles auch in den Mysterien gelehrt, aber nur den Eingeweihten. Sehen wir zu, was davon in Indien zur allgemeinen Kenntnis durchgesickert war. Wir finden es im Grundaxiom der Schule der Vedantis, der berühmten Schüler Vyasas und Çancāras, es entspricht auch den in den heiligen Schriften niedergelegten Lehren. Diese sagen: ,,Die Materie existiert, doch nicht in der Weise, wie der Ungebildete es meint; sie hat kein von geistigen Vorstellungen unabhängiges Dasein, denn Existenz und Perceptilität sind in diesem Fall zusammenfallende Begriffe. Der Weise weiß, daß die Erscheinungen und die äußerlichen Empfindungen, die sie bewirken, rein illusorisch sind, und daß sie in nichts zerfließen würden, wenn die göttliche Energie, die sie allein aufrecht hält, auch nur einen Augenblick aussetzen würde[258]." Die Schüler Kants sollten dieses im Auge behalten und dessen eingedenk sein, daß auch Plato abwechselnd sagt, daß die Materie existiert und daß sie nicht existiert[259]). Sowohl von Justin dem Märtyrer, wie von Cyrill von Alexandrien wird Plato dieser Widerspruch zum Vorwurf gemacht. Plutarch und Chalcidius haben ihn gleichfalls bemerkt[260]), suchen ihn aber als einen scheinbaren zu entschuldigen.

Versuchen wir nun den Punkt, in dem Kant sich geirrt hat, klarzulegen. Er erscheint anfangs von untergeordneter Bedeutung, doch führt er durch die erst kleine und fast unmerkliche Ablenkung zu einer divergierenden Linie, die sich immer mehr von der geraden entfernt und zuletzt weit von dem Ziel mündet, das Kant sich vorgesetzt hatte. Dieser Punkt liegt in der falschen Auslegung und Anwendung eines einzigen Wortes. Wenn ich mich an dieser Stelle mit der Klarlegung des Irrtums des deutschen Philosophen beschäftige, so geschieht es, weil es zur Ergänzung dessen geschieht, was ich über die Lehre des Pythagoras gesagt habe.

In Nachahmung der Philosophen des Altertums oder auch durch eigene Erkenntnis dazu gebracht, betrachtet Kant den Menschen unter drei hauptsächlichsten Modifikationen, die er Vermögen nennt. Ich habe im zwölften Kapitel gezeigt, daß Pythagoras dasselbe tut. Plato, der in der Metaphysik in allem diesem großen

Genius folgt, unterscheidet im Menschen, wie auch im
Universum, den Körper, die Seele und den Geist, und
setzt in jede der Modifikationen der individuellen oder
universellen Einheit analoge Fähigkeiten oder Vermögen, die, sich entwickelnd, drei weitere Modifikationen hervorbringen, zu denen sie im Verhältnis
einer erzeugenden Einheit stehen[261]); es stellte sich
somit jede Dreiheit in ihrer Entwicklung im Bild einer
dreifachen Dreiheit dar; diese bildet in ihrer Verbindung mit der sie erzeugenden Einheit zuerst die Vierzahl, die Tetraktis, und danach die Dekade[262]). Der
deutsche Philosoph stellt die Tatsache hin, daß der
Mensch drei Hauptvermögen besitzt, ohne das Prinzip, das ihn zu dieser Anschauung führt, zu begründen;
ohne die individuelle Modifikation näher zu bezeichnen, auf die er sie zurückführt, das heißt ohne vorher
festzustellen, ob diese Vermögen physische, psychische
oder intellektuelle sind. Hier liegt der erste Fehler,
und dieser führt zu einem weiteren.
Zur Bezeichnung der drei Vermögen gebraucht Kant
drei Worte seiner Sprache, auf deren Sinn wir näher
eingehen müssen. Er nennt das erste Empfindlichkeit,
das zweite Verstand, das dritte Vernunft. Diese Worte
sind sehr treffend, es kommt nur darauf an, sie richtig
zu verstehen und deutlich zu erklären.
Das Wort Empfindlichkeit drückt die Fähigkeit aus,
etwas aus der äußeren Umgebung loszulösen, es innerlich zu betasten und es gut oder schlecht zu finden[263]).
Das Wort Verstand bezeichnet das Vermögen, in die
Weite zu streben, sich von dem Zentrum nach allen
Punkten des Kreises zu bewegen, um sie zu erfassen[264]).
Das Wort Vernunft wird für jenes Vermögen angewendet, welches auf das, was gut ist, hinzielt, es will,
es sucht aus und erwählt[265]).

Die Worte Empfindlichkeit und Verstand werden durch das französische sensibilité und entendement sehr gut wiedergegeben, das Wort raison entspricht nur sehr unvollkommen dem Wort Vernunft, ist aber dasjenige, was Kant ausdrücken will.

Sein ganzes System hätte eine andere Richtung eingeschlagen und ihn zu dem beabsichtigten Ziel geführt, wenn er sich klarer über die ursprüngliche Bedeutung dieses einen Wortes gewesen wäre und es richtiger angewandt hätte; wenn er erkannt hätte, was die Intelligenz und nicht die Vernunft in Wahrheit ist. Daß die Fähigkeit, die Kant mit dem Wort Empfindlichkeit bezeichnet, dem physischen Teil im Menschen angehört, ist klar. Ebenso daß die, welche er Verstand nennt, im Seelischen liegt. Es bleibt aber unverständlich, warum die Vernunft, die er fortwährend mit dem Verstand verwechselt, in irgend einer Weise das Geistige im Menschen beherrschen sollte. Dieses wäre nur möglich, wenn er sie als die Intelligenz betrachtet hätte, das hat er aber nicht getan. Er hat sie allerdings immer in den Geist versetzen wollen, denn er stellt die drei Vermögen des Menschen als eine Hierarchie dar, in welcher die Empfindlichkeit die Basis, der Verstand das Zentrum und die Vernunft den höchsten Punkt einnimmt; er stellt sich diese Hierarchie, wie einer seiner Übersetzer es ausdrückt, unter dem Bild eines Staates vor, dessen Untertanen die Empfindlichkeit bildet, die Beamten und Minister der Verstand, und den Herrscher oder Gesetzgeber die Vernunft[266]). Wie aber Kant, wenn er der Vernunft den Sinn des lateinischen ratio gibt, behaupten kann, daß sie die höchste Stufe des Geistes bilde, der im Vollbesitz seiner Freiheit und im vollen Bewußtsein seiner Kraft ist, verstehe ich nicht. Das ist absolut falsch[267]). Die Vernunft bewegt sich nicht frei, sie ist an die Notwendigkeit gebunden. Ihre Bewegung ist eine geometrische und stets bedingte; eine notwendige Konsequenz des Ausgangspunktes. Lassen Sie uns diesen Punkt näher betrachten. Das lateinische Wort ratio, das Kant deutlich im Sinn hat, ist nicht die genaue Übersetzung des griechischen logos im Sinn von verbum; wenn die griechischen Philosophen mitunter das Wort logos an die Stelle von nous setzten, oder das verbum an die Stelle von Intelligenz, so nahmen sie die Wirkung statt der Ursache; und die Römer handelten irrtümlich, wenn sie glaubten, dasselbe zu tun, indem sie ratio statt mens oder intelligentia gebrauchten. Sie bewiesen damit ihre Unwissenheit und offenbarten die Unordnung, die durch den Skeptizismus in ihr Denken gekommen war. Das Wort ratio geht aus der Wurzel ra oder rat hervor, die in allen Sprachen, in denen sie vorkommt, die Idee eines Streifens, eines Strahls, einer geraden, von einem Punkt zu einem andern gezogenen Linie darstellt[268]). Die Vernunft ist also nicht nur nicht frei, wie Kant es will, sondern das Allergezwungenste: eine geometrische, stets von dem Ausgangspunkt abhängige Linie, die den Punkt, auf den sie gerichtet ist, treffen muß, wenn sie nicht aufhören soll, gerade zu sein. Da nun die Vernunft in ihrer Bewegung nicht frei ist, ist sie auch weder gut noch schlecht an sich, sondern immer analog dem Prinzip, dessen Konsequenz sie bildet. Ihre Natur ist, die gerade Linie einzuhalten, darin beruht ihre Vollkommenheit. Man geht gerade auf verschiedene Weise, nach allen Richtungen; man urteilt richtig in der Wahrheit und im Irrtum. Alles hängt von dem Prinzip ab, das den Ausgangspunkt bildet, von der Art zu sehen. Die Vernunft gibt nicht das Prinzip, sie beherrscht das Ziel ebenso wenig wie die gerade Linie den Punkt, auf den sie ausmündet. Die Stellung des Urteilenden oder des Mathematikers ist es, die dieses Ziel oder diesen Punkt bestimmt.

In allen den drei großen Modifikationen ist die Vernunft gegenwärtig, wenn auch ihr Hauptsitz, nach Plato[269]), in der Seele liegt. Es gibt eine physische Vernunft, die im Instinkt, eine moralische, die in der Seele, eine intellektuelle, die im Geist wirkt. Der hungrige Hund, der seinem Herrn das Wild apportiert, gehorcht einer instinktiven Vernunft, die ihn bewegt, die Lust nach Befriedigung seines Hungers zu opfern, um dem Schmerz eines Schlages zu entgehn. Der Mann, der auf seinem Posten ausharrt, statt ihn zu verlassen, folgt einer moralischen Vernunft, die ihm den Ruhm des Heldentodes einem schmachvollen Leben vorziehen läßt. Der Philosoph, der die Unsterblichkeit der Seele zugibt, hört auf die Stimme einer intellektuellen Vernunft, die ihm die Unmöglichkeit der Vernichtung zeigt. Das alles kann aber nur stattfinden, wenn der Hund, der Mann und der Philosoph von dem richtigen Prinzip ausgehen. Gingen sie von falschen Prinzipien aus, so würde ihre Vernunft, gleich richtig deduziert, sie zu den entgegengesetzten Resultaten führen, das Wild würde gefressen werden, der Posten verlassen, und die Unsterblichkeit der Seele geleugnet.

Sie werden jetzt den Fehler, den Kant begeht, in seiner ganzen Ausdehnung begreifen. Indem er eine der Hauptmodifikationen des Menschen, die Intelligenz[270]), mit einer untergeordneten, der Vernunft, die ihren Sitz in der Seele hat, verwechselt, sie von ihrem Boden loslöst und zu hoch erhebt, räumt er ihr eine Herrschaft ein, die sie nicht besitzt, und entthront das Geistige. Er hat, weil er immerfort mit einem

110

mittleren Teil seines Wesens dachte, den er für den höheren hielt, und dadurch hinabstieg, die Materie gefunden, sie vollkommen erkannt, hat aber ganz den Geist verfehlt. Was er für den Geist hält, ist nur der Verstand, ein neutrales Vermögen, das zwischen der rein passiven Empfindlichkeit und der durchaus aktiven Intelligenz steht. Es war eine Schwäche von ihm, daß er hier stehen blieb. Damit war alles verloren. Er hatte von der Vernunft erwartet, daß sie ihn unterscheiden lehre, was in seinem Denken dem Geist, und was den Objekten zuzuschreiben sei. Sie aber vermochte ihm nur die gerade Linie zu zeigen, die sie selbst im Verstande zieht. Diese Linie, die, statt sich in höhere, in intelligible Regionen zu erheben, in die Materie eindrang, lehrte ihn, daß alles, was nicht mit einer möglichen Erfahrung Hand in Hand geht, ihm nicht das Objekt eines positiven Erkennens zu geben vermöge, daß daher alle die großen Fragen über die Existenz Gottes, die Unsterblichkeit der Seele, den Ursprung des Universums, alles was zum Gebiet der Theosophie und der Kosmologie gehört, mit einem Wort alles Intelligible, sich in diese Erkenntnis nicht einordnen lasse[271]). Es berührt seltsam, daß jemand, der die Möglichkeiten und Prinzipien alles Erkennens auf unwiderlegliche Basen zu begründen verspricht, gleich darauf kaltblütig die Erklärung abgibt, Gott, das Universum und die Seele könnten nicht Gegenstand der Erkenntnis sein, und dann zu sehen, wie er von seinen Vernunftschlüssen dazu geführt wird, zu behaupten, auch die Wirklichkeit der physischen Objekte, die wir durch unsere Sinne wahrnehmen, sei nur eine phänomenale, man könne auf keine Weise erkennen, wie sie wirklich sind, sondern nur wie sie erscheinen[272]). Das eigene Ich, als Objekt betrachtet, sei für uns auch ein bloßes Phänomen, von dessen innerem Wesen wir nichts wissen könnten[273]). Kant ist sich des großen Widerspruchs, in den er geraten, bewußt gewesen, doch hat er nicht den Mut gefunden, seine Schritte zurück zu lenken und die Prinzipien der Erkenntnis, die ihm fehlte, in einem über der Vernunft hinausliegenden Vermögen zu suchen. Er verfolgte die abwärts führende Richtung weiter, die er als transcendentale bezeichnete, und entdeckte eine, unterhalb der reinen Vernunft liegende, praktische Vernunft. Dieser vertraute er die Lösung der höchsten Fragen, nach denen der Mensch forschen kann, an: Gott, die Natur, und sich selbst. Diese praktische Vernunft — sie ist im Grunde nichts weiter als was man mit den Worten der gesunde Menschenverstand zu bezeichnen pflegt — soll den Menschen, seiner Meinung nach, dazu führen, zu glauben, was er nicht erkennen kann[274]); sie soll ihn bewegen, den Pfad der Tugend einzuhalten, weil sein Glück es erfordert, und ein System der Vergeltung anzuerkennen, das auf dem Dasein Gottes und der Unsterblichkeit begründet ist. Dieser gesunde Menschenverstand, mit Hilfe dessen man die Existenz der physischen Objekte hatte beweisen wollen, und dessen Unzulänglichkeit bereits von Berkeley konstatiert worden war, sollte nun unter einem anderen Namen zur Begründung der Existenz geistiger Wesen dienen, die, wie Kant erklärt hatte, der Tätigkeit der reinen Vernunft sich entziehen. Dieses Vermögen war bereits von Shaftesbury[275]), Hutcheson[276]), Reid[277]), Oswald[278]) und Pascal[279]) erfolglos in Vorschlag gebracht worden, um den Grundwahrheiten einen Stützpunkt zu verleihen und die Prinzipien unserer Erkenntnis von physischen und moralischen Dingen zu liefern. Der Sitz dieses Vermögens liegt im Instinkt. In Dingen, die nicht im Bereich seines Urteils liegen, hat man es als inkompetent verworfen, weil man erkannt hatte, daß man es damit dem Vorurteil der Ungebildeten ausliefert, ihren irrigen Meinungen und ihrer blinden Leidenschaftlichkeit, und weil die praktische Vernunft, oder der sogenannte gesunde Menschenverstand, der in dem Menschen, seinem geistigen Horizont entsprechend, wirkt, nie etwas anderes als relative Wahrheiten umfassen kann, und so viele Prinzipien schaffen würde, wie es Individuen gibt. Liegt nicht schon eine Verletzung des gesunden Menschenverstands darin, daß man ihm die Intelligenz und die Vernunft unterstellen will? Und heißt es nicht die Ordnung der Natur auf den Kopf stellen, wenn man im einzelnen das Gesetz erkennen will, von dem das Ganze regiert wird? Die Skeptiker triumphierten, sie deckten aber damit ihre eigene schwache Seite auf. Denn die Vernunft, deren Nichtigkeit sie bewiesen, ist auch ihre einzige Waffe. Dieses Vermögen, das in den Händen Kants zerbrochen war, macht auch sie machtlos, und liefert sie ohne Gegenwehr den unwiderlegbaren Axiomen aus, die der Intellekt a priori über die Grundwahrheiten und die Fundamente des Universums aufstellt. Die nächsten Kapitel werden es beweisen.

24. Bedenke meinen Rat und folg' ihm treu:
    Zu Tugendhöhen weiß er dich zu leiten.

Wir haben uns lange bei den Skeptikern aufgehalten; bei der Erläuterung eines dogmatischen Werks, dessen Geist dem des Skeptizismus völlig entgegengesetzt ist, schien mir dieses notwendig. Zu der Zeit, als Lysis es verfaßte, gab es in Griechenland noch keinen, der die Existenz der Götter und des Universums, den Unterschied zwischen Gut und Böse, Tugend und Laster in Zweifel gezogen hätte. Arkesilas und Pyrrhon waren noch nicht geboren, die Wolken, die sich später um die großen Fragen, mit denen die Weisen sich beschäftigten, gelagert haben, lagen außerhalb des Gesichtskreises. Die Geister neigten eher zur Leichtgläubigkeit als zum Zweifel, zum Aberglauben als zum Unglauben. Es galt eher ihrer Wißbegierde Grenzen zu setzen als ihre Gleichgültigkeit aufzurütteln. Zu jener Zeit verdeckten die Philosophen die Wahrheit mit Schleiern und erschwerten den Zugang zur Erkenntnis, um ihn vor der Profanation durch den Ungebildeten zu schützen. Sie wußten, was seither zu sehr in Vergessenheit geraten ist: daß nicht jedes Holz geeignet ist, einen Merkur zu schnitzen. Daher waren auch ihre Schriften dunkel und spruchreich gehalten Sie sollten abschrecken. Aber nicht jene, die vielleicht gezweifelt hätten, sondern solche, die nicht fähig waren zu begreifen.

Heute, wo die Geister so ganz anders sind, kommt es mehr darauf an, diejenigen herauszuziehen, die fähig sind, die Wahrheit aufzunehmen, als diejenigen fernzuhalten, die es nicht vermögen. Diese ziehen sich selbst zurück, denn sie sind davon überzeugt, daß sie die Wahrheit schon besitzen, oder daß sie sie nicht brauchen. Ich habe die Geschichte des Skeptizismus skizziert, seinen Ursprung und seine traurigen Wirkungen gezeigt, nicht weil ich die Skeptiker von Profession zu überzeugen beabsichtige, sondern um die Unentschiedenen davon abzuhalten, sich dem Skeptizismus hinzugeben. An dem Beispiel Kants, eines der

114

größten deutschen Denker, habe ich zu zeigen gesucht, daß die Vernunft allein, auch wenn sie von den größten Geistesgaben begleitet ist, nur zu rein negativen Resultaten führen kann. Ich wollte beweisen, daß dieses so hochgestellte Vermögen an sich nichts vermag. Kants Beispiel dürfte genügen, doch ließen sich ihm auch dasjenige Berkeleys und Spinozas hinzufügen. Die Ergebnisse, zu denen diese Philosophen gelangten, sind ganz entgegengesetzte. Kant folgt genau den Spuren der reinen Vernunft und gelangt zu der Einsicht, daß die Erkenntnis der intelligiblen Dinge nicht erreichbar sei, und findet die Materie. Berkeley erklärt, von derselben Vernunft geleitet, die Existenz der Materie für illusorisch und kommt zu dem Schluß: alles ist Geist. Spinoza stellt mit Hilfe desselben Vermögens unwiderlegliche Argumente auf, zeigt, daß nur eine einzige Substanz existiert und existieren kann, und Geist und Materie ein und dasselbe sind. Glauben Sie aber nicht, mit derselben Waffe der Vernunft diese drei Systeme einzeln bekämpfen zu können. Sie stoßen in ihren Gegensätzen hart, aber vergeblich aufeinander und werden Sie niederwerfen und in den dunklen, bodenlosen Abgrund des Skeptizismus hinabstoßen. Wie ist so etwas möglich? Deshalb, weil der Mensch nicht ein einfaches Wesen ist. Behalten Sie das im Auge. Der Mensch besteht aus drei Naturen. Seine Art die Dinge zu sehen hängt davon ab, in welcher seiner Modifikationen seine Willenseinheit tätig ist. Plato hat es nach Pythagoras gelehrt, und dasselbe sagen alle Weisen und Theosophen. Plato setzt in die höchste und geistige Modifikation, die aus dem Identischen gebildet ist, das heißt aus der unteilbaren Substanz des Universums, das „Egemonicon"[280]), die intellektuelle Zustimmung; in die niedrigere materielle

Modifikation, die aus dem „Anderen" oder dem „Verschiedenen" gebildet ist, das heißt aus der teilbaren Substanz, das „Physicon"[281]) oder die physische Empfindsamkeit; in die mittlere Modifikation, genauer gesagt die Seele, die aus dem Wesen besteht, das heißt dem subtilsten, von dem Geist ausgearbeiteten Teil der Materie, den „Logicon"[282]) oder das moralische, logische oder vernünftige Gefühl. In Plutarch findet man eine kurze Zusammenfassung der Lehre des Philosophen Sylla, der wie Plato den Menschen als aus Geist, Seele und Körper zusammengesetzt betrachtet; von dem Körper sagt er, sein Ursprung sei von der Erde, der der Seele vom Mond, der des Geistes von der Sonne[283]). Über die Herkunft dieser drei Teile des Menschen wollen wir uns hier nicht weiter aufhalten, denn Erde, Mond und Sonne, die der Philosoph ihnen als Prinzipien zuerteilt, sind Dinge, die wir schwerlich ergründen können; begnügen wir uns damit, zu wissen, daß diese drei großen Modifikationen, die die Vierheit Mensch bilden, sich durch die Empfindung, das Gefühl und die Zustimmung äußern, und daß aus ihnen die Hauptfähigkeiten des Instinkts, des Verstandes und der Intelligenz hervorgehen. Der Instinkt ist der Sitz des gesunden Menschenverstandes, der Verstand derjenige der Vernunft, die Intelligenz der Sitz der Klugheit oder der Weisheit. Jedes Wissen, jede wirkliche Erkenntnis kann der Mensch nur erlangen, wenn die Zustimmung zu Gunsten der von der Intelligenz erwählten und klar aufgestellten Prinzipien entschieden hat. Nur das kennen wir wirklich, was die Intelligenz zustimmend erfaßt hat. Alle Schlüsse, zu denen der Verstand ohne das Mitwirken der Intelligenz gelangt, sind bloß Meinungen. Mit mathematischer Genauigkeit demonstrierte Meinungen sind Identitäten. Der gesunde Menschenverstand bringt, in das Gebiet des Verstandes übertragen, nur Begriffe hervor, deren Zuverlässigkeit, so sehr sie auch auf Erfahrung gegründet sein mag, nicht über die physische Empfindung herausgeht; die flüchtige und begrenzte Autorität dieser ist bei der Zustimmung zu intelligiblen Wahrheiten nicht von Gewicht.

Wir wollen es hier wagen, an ein Geheimnis der Mysterien zu rühren, auf das der Ausspruch des Pythagoras anspielt: nicht jedes Holz sei geeignet, einen Merkur daraus zu schnitzen. Trotz des allgemein verbreiteten Vorurteils, das sich gegen diese Wahrheit auflehnt-vertrete ich den Standpunkt, daß die seelische Gleich, heit ein Hirngespinst ist. Ich bin mir bewußt, mit dieser Auffassung gegen manche theologische Ideen zu verstoßen und mit einigen glänzenden Paradoxen der Philosophen in Widerspruch zu treten, die sie, mehr tugendhaft als weise, mit mehr Talent und Vernunft als mit Klugheit aufgestellt haben. Aber der Gegenstand reißt mich fort, und da ich die Lehre des Pythagoras zu erläutern suche, ist es auch am Platze zu erklären, warum Lysis, nachdem er in dem auf die Reinigung sich beziehenden Abschnitt seiner Lehre alle menschlichen Tugenden durchgenommen und vorgeschrieben hat, in dem Abschnitt, der von der Einigung handelt, eine neue Unterweisung beginnt und das Versprechen gibt, zu göttlicher Tugend zu geleiten. Diese bedeutsame Unterscheidung zweier Arten von Tugenden machen auch Plato, Aristoteles, Gallianus und viele andere Philosophen des Altertums[384]). Macrobius, dem wir viele Einzelheiten über die Mysterien und Erklärungen ihrer mystischen Geheimlehren verdanken, die trotz aller Sorgfalt zur öffentlichen Kenntnis durchgesickert waren, deutet auf eine Gleichstellung hin, die zwischen den einzelnen Stufen der Initiation und denen, die man der Ausübung der Tugend zuerkannte, bestanden habe[285]). Er zählt deren vier. Diese Anzahl entspricht der Vierzahl, und ist meistens beibehalten worden, wenn sie auch zuweilen zwischen drei und sieben geschwankt hat. Die Zahl drei wurde im Altertum als Prinzip der Natur betrachtet, und die Zahl sieben als das Ziel derselben[286]). Es gab drei Hauptgrade der Initiation, wie es heute die Grade der Lehrlinge, Gesellen und Meister bei den Freimaurern gibt. Hiervon leitet sich auch die Bezeichnung „die Dreifache" her, die der geheimnisvollen Hekate beigelegt wurde. Auch Mithras wird, wenn er als Symbol der mystischen Wissenschaften bezeichnet wird, „der Dreifache" genannt[287]). Diesen drei Hauptgraden wurden mitunter drei weitere zweiten Grades zugefügt. Sie wurden mit einer außergewöhnlichen Offenbarung geschlossen, die den Initiierten zum Rang eines Epopten, oder Sehers, erhob. Ihm wurde dann auch der tiefere Sinn der bereits durchschrittenen Grade mitgeteilt[288]). Man zeigte ihm die Natur ohne Schleier[289]) und gewährte ihm den Zutritt zu der Kontemplation der göttlichen Erleuchtung[290]). Nur für den Epopten fielen die letzten Schleier, wurden die heiligen Gewänder der Statue der Göttin auseinander gefaltet. Diese Offenbarung, die Epiphanie genannt, ließ das hellste Licht über die Finsternis hinfluten, die bis hierhin den Initiierten umgeben hatte. Nach Aussage der Historiker gingen ihr Schrecken verbreitende Bilder voraus, es wurde ihm abwechselnd Furcht und Hoffnung eingeflößt[291]). Bei den Freimaurern hat der Grad der Erwählten den der Epopten ersetzt, er hat aber nicht annähernd zu demselben Resultat geführt. Die äußeren Formen sind

118

sich gleich geblieben, das Wesentliche aber ist abhanden gekommen. Der Epopt von Eleusis, oder von Samothrake oder Hierapolis, betrachtete sich als den höchsten unter den Menschen, als den Liebling der Götter, den Eigentümer himmlischer Schätze. In seinen Augen leuchtete die Sonne in reinerer Klarheit; die himmlische Tugend, die er in immer heißeren Feuerproben und immer höheren Lehrstunden erworben hatte, gaben ihm die Fähigkeit, das Gute vom Bösen, die Wahrheit vom Irrtum zu unterscheiden und frei zwischen ihnen zu wählen [292]).

Die einzelnen Grade der Initiation drücken in symbolischer Weise die verschiedenen Grade der Tugenden aus, die den Menschen im allgemeinen erreichbar sind. Die Feuerproben, denen man sich bei der Erlangung jedes höheren Grades zu unterziehen hatte, sollten klarstellen, ob man ihrer würdig sei. Die ersten Proben waren verhältnismäßig leichte, die Schwierigkeiten nahmen mit den weiteren derart zu, daß das Leben des Bewerbers oft gefährdet war. Man wollte hierdurch den Charakter des Betreffenden erkennen und im Schmelztiegel der Schrecken und Leiden den Härtegrad seiner Seele und die innere Anwartschaft zur Wahrheit feststellen. Es ist bekannt, daß Pythagoras die Initiation in die ägyptischen Mysterien nur einer außergewöhnlichen Standhaftigkeit und dem Mut, mit dem er alle Hindernisse überwand, verdankte [292]). Es glückte nur den wenigsten, diesen höchsten Grad der Initiation zu erlangen, die meisten blieben bei dem zweiten Grad stehen, wenige erreichten den dritten. Die Lehren wurden stets den Kräften der Lernenden zugemessen und jenen Eigenschaften, die man bei jedem als die dominierenden erkannt hatte; denn — und dies ist der wesentliche Punkt — man lehrte

in den Sanktuarien, daß die ganze Menschheit in drei
große Klassen einzuteilen sei, über denen eine höhere,
vierte, stehe. Und zwar ordnete man sie ein in Hinsicht auf die Beziehungen, die zwischen den Fähigkeiten der Menschen und denjenigen Teilen des Universums, mit denen sie korrespondierten, zu erkennen
meinte. Zu der ersten Klasse rechnete man die materiellen und instruktiven Menschen, zu der zweiten die
seelischen, zu der dritten die geistigen. Man war also
weit davon entfernt, alle gleich zu werten. Die vor-
gegebene Gleichheit, die man zur Schau trug, war nur
ein Zugeständnis an die Irrtümer der Ungebildeten.
Da diese in den meisten Städten Griechenlands und
Italiens die Macht an sich gerissen hatten, so gebot es
die Klugheit, ihnen den Glanz der Wahrheit, der sie
verletzt hätte, nur verhüllt zu zeigen. In der Folge
hat dann das Christentum, das zur Ausbreitung gelangte, als alle wissenschaftliche Erkenntnis im Er-
löschen war, und dessen Anhänger anfangs aus den
Sklaven und den niedrigeren Bürgern bestanden, dieses
ihm günstige Vorurteil geheiligt. Allerdings wollten
diejenigen unter ihnen, die man die Gnostiker[294])
nannte, um ihrer besonderen Erkenntnis willen, hauptsächlich die Valentinianer, die sich brüsteten, sie hätten
das Licht der Initiation bewahrt, aus dem Geheimnis
der Mysterien, das sich auf diesen Gegenstand bezieht,
ein öffentliches Dogma machen. Sie gaben vor, die
Korruption der Menschen stamme aus ihrer Unwissenheit her und aus ihrer auf das Irdische gerichteten
Gesinnung; es genüge, sie über ihren Zustand und ihre
ursprüngliche Bestimmung aufzuklären, um sie zu
retten[295]). Die Orthodoxen aber erkannten die Gefahr
dieser Lehre und ließen ihre Urheber als Häretiker
verurteilen.

120

Die kleine Schar der Weisen ließ sich jedoch durch diese Verurteilung, die dem Stolz der unwissenden Menge Genugtuung gewährte, nicht abhalten, der Wahrheit stillschweigend treu zu bleiben. Man brauchte nur die Augen zu öffnen und von Judäa fort zu blicken, um sich klar zu sein, daß das Dogma der Ungleichheit der Menschen zur Basis der Religions- und Zivilgesetze bei allen Völkern der Erde gedient hatte, vom Orient bis zu den Grenzen des Okzident. Überall erinnerten vier große Klassen unter der Bezeichnung Kasten an die vier Hauptgrade der Initiation und spiegelten die universelle Vierzahl im Bilde der Menschheit wieder. Ägypten hatte in weit zurückliegenden Zeiten hierin Griechenland das Beispiel gegeben[296]); das auf seine Freiheit, oder richtiger gesagt, auf seine ungestüme Anarchie so stolze Griechenland ist anfangs auch deiser Einteilung unterworfen gewesen, wie aus Aristoteles und Strabo hervorgeht[297]). Bei den assyrischen Völkern spielten die Chaldäer[298]) dieselbe Rolle wie die Magier bei den Persern[299]), die Druiden bei den Kelten[300]) und die Brahmanen bei den Indern. Es ist zur Genüge bekannt, daß bei den letzteren die Brahmanen die erste und höchste der vier Kasten einnehmen, aus denen die ganze Nation besteht. Die religiöse Allegorie über den Ursprung dieser Kaste beweist deutlich die erwähnte Analogie. Wir finden darüber die folgende Stelle in einer der Shastras. „Als Brahma zuerst die Welt schuf, hat er die Brahmanen aus seinem Munde geboren; die Kshatryas sind aus seinen Armen hervorgegangen; die Vyasyas aus seinen Schenkeln, und die Sudras aus seinen Füßen." In einem andern dieser Bücher, das die Kosmogonie der Banianen enthält, heißt es, der erste Mensch, Puron genannt, habe vier Söhne gehabt: Brahman, Kshetri,

Vaïsa und Suderi, diese seien von Gott zu Ober-
häuptern der von ihm selbst angeordneten Volks-
klassen eingesetzt[301]). Die heiligen Bücher der Burmanen, die aus einer älteren Zeit zu stammen scheinen
als die Schriften der andern indischen Völker, berichten ebenfalls von dieser Einteilung. Der Gottesdienst
bei ihnen liegt den Rahans ob. Diese lehren ein Dogma,
das demjenigen der Mysterien entspricht. Die Ungleichheit zwischen den Menschen sei eine notwendige
Folge ihres früheren tugendhaften oder lasterhaften
Lebens; von ihrer früheren Lebensführung hänge es
ab, ob sie in einer höher oder niedriger stehenden
Nation, Kaste und Familie zur Welt kommen[302]). Eine
größere Übereinstimmung mit dem Gedanken des
Pythagoras ist kaum denkbar; dennoch finden wir
ihn bei Konfuzius noch klarer ausgedrückt. Daß keiner
den andern kopiert haben kann, braucht nicht gesagt
zu werden; ihre Zustimmung zu derselben Idee fließt
aus einer anderen Quelle als jener einer sterilen Nachahmung.
Das chinesische Volk ist seit undenklichen Zeiten in
vier große Klassen eingeteilt, die der gesellschaftlichen
Stellung entsprechen, welche die von ihnen ausgeübten
Funktionen ihnen zuweisen[303]). Eine lange Gewöhnung
hat diese Einteilung zu einer rein politischen gemacht,
aber von den Philosophen wird sie unter anderen
Gesichtspunkten betrachtet. Ihnen zufolge ist der
Mensch eine der drei erzeugenden Mächte, die die
mittlere Dreiheit des Universums bilden, denn sie
betrachten das Universum, das große All, als den Ausdruck einer dreifachen, von der ursprünglichen Einheit
umschlossenen und beherrschten Dreiheit. Darum
handelt es sich für sie nicht um eine Vierheit, sondern
eine Dekade. Diese dritte Macht, Icu genannt, d. h.

das Menschengeschlecht, zerfällt in drei Hauptklassen, welche vermittels der von Konfuzius zugelassenen Zwischenklassen die fünf Klassen bilden, von denen der Weise spricht. Er sagt: ,,Die erste und zahlreichste Klasse schließt jene große Anzahl der Menschen ein, die nur nach einem Instinkt der Nachahmung handeln, die heute dasselbe tun, was sie gestern getan haben, und morgen tun werden, was sie heute taten; die nicht imstande, fern liegende dauerhafte und wirkliche Vorteile und Interessen von höherer Bedeutung zu erkennen, einen kleinen Gewinn, ein niedriges Interesse an kleinen Dingen leicht wahrzunehmen und sie sich mit einer gewissen Geschicklichkeit zu verschaffen verstehn. Diese Menschen besitzen zwar Verstand wie die andern, er geht aber nicht über die Sinne hinaus. Sie hören und sehen nur mit den Ohren und Augen ihres Körpers. Diese sind das Volk.

Die zweite Klasse besteht aus denen, die in den Wissenschaften und freien Künsten gebildet sind. Sie setzen ihrem Handeln ein Ziel und kennen die schwierigen Mittel, mit denen sie es zu erreichen vermögen. Ohne in das Wesen der Dinge eingedrungen zu sein, kennen sie diese doch so weit, daß sie angenehm über sie sprechen und andere belehren können. Sie können Gründe angeben, weshalb sie so und nicht anders reden und handeln, können die Dinge mit einander vergleichen und richtig folgern, was schädlich und was vorteilhaft ist: es sind die Künstler, die Gelehrten, alle die sich mit Dingen beschäftigen, die Vernunftschlüsse bedingen. Diese Klasse vermag einen Einfluß auf die Sitten und sogar auf die Regierung auszuüben. Die dritte Klasse umfaßt alle, die in ihren Worten, ihren Handlungen und in ihrer ganzen Lebensführung sich nie von dem entfernen, was die rechte Vernunft vorschreibt, die das Gute ohne Eitelkeit tun, weil es gut ist, die nicht wechselnd sind, und dieselben im Glück und im Unglück bleiben. Sie sprechen im rechten Augenblick und schweigen, wenn sie schweigen sollen. Sie geben sich nicht damit zufrieden, das Wissen aus den für dasselbe gebauten Kanälen zu schöpfen, sondern steigen zu seinen Quellen hinauf. Diese sind die Philosophen.

Diejenigen, die nie von der festen, unbeweglichen Regel abweichen, die sie sich vorgenommen, die mit strenger Genauigkeit und immer gleicher Beharrlichkeit alle ihre Pflichten erfüllen, die ihre Leidenschaften bekämpfen, sich stets Rechenschaft über sich geben, und verhindern, daß die Laster sich entwickeln; die kein Wort reden, das nicht maßvoll und bedacht ist oder belehren kann, die weder Mühe noch Arbeit scheuen, damit die Tugend in ihnen und den andern gedeihe, bilden die vierte Klasse, die Klasse der tugendhaften Menschen.

Die fünfte Klasse endlich, die höchste und erhabenste, begreift die außergewöhnlichen Menschen in sich. Diese vereinen die Eigenschaften des Geistes und des Herzens, vervollkommnet durch die glückliche und schöne Gewohnheit, freiwillig und freudig zu tun, was die Natur und die Moral gemeinsam den mit Vernunft begabten Wesen, die ein geselliges Zusammenleben führen, vorschreiben. Unverrückbar in ihrer Lebensweise, wie Sonne und Mond, Himmel und Erde, hören sie nicht auf, Gutes zu wirken. Sie handeln im Geist, und wie die Geister sehen sie, ohne gesehen zu werden. Diese an Zahl sehr geringe Klasse könnte man die Vollkommenen und Heiligen nennen[304].‘‘

Ich habe an dem eben Zitierten kein Wort geändert. Wenn der Leser diesem Abschnitt die verdiente Aufmerksamkeit geschenkt hat, so wird er in ihm die Lehre des Pythagoras wiedergefunden haben, und zugleich die wichtige Unterscheidung zwischen Instinkt, Vernunft und Geist; ebenso auch die Lehre der Mysterien von der seelischen Ungleichheit der Menschen. In der rechten Vernunft, welche die dritte Klasse des chinesischen Theosophen auszeichnet, wird er die praktische Vernunft erkannt haben, von der Kant sich leiten ließ, als er seine „Kritik der reinen Vernunft" aufstellte. Diese rechte Vernunft ist, wenn auch den menschlichen Tugenden nahestehend, doch noch weit entfernt von der Weisheit, die allein zur Wahrheit führt. Trotzdem könnte sie bis zur ihr heranreichen, denn, wie ich im zwölften Kapitel dargelegt habe, ist dem Willen des Menschen nichts unerreichbar. Doch wäre dazu die Aneignung der göttlichen Tugend notwendig, man müßte auf dieselbe Weise wie man vom Instinkt zum Verstand gelangt, durch Vervollkommnung, vom Verstand zum Geist gelangen können. Lysis zeigt das Mittel hierzu: er verspricht, durch die Selbsterkenntnis zu dem erstrebten Ziel zu geleiten. Im Namen des Pythagoras verspricht und versichert er es fest.

25. Dies schwör' ich dir bei dem, der in die Herzen
    Uns grub der heil'gen Vierzahl rein und hehr
        Symbol,
    Vorbild der Götter, Urquell der Natur.

Porphyrius berichtet, daß Hierokles bei der Wiedergabe der goldenen Verse zwei Verse ausgelassen habe;

sie gehörten vor den ersten Vers des Abschnitts von
der Einigung, oder der Vervollkommnung. Sie lauten:

"Du sollst, wenn du erwachst, in Ruhe über-
denken,
Was dir zu tun obliegt, was du vollbringen sollst."

Sollte Hierokles die Bedeutung dieser Verse nicht erkannt und sie als nebensächlich beiseite geschoben
haben? Das ist nicht ganz verständlich, denn sie sind
dadurch bemerkenswert, daß sie in großen Zügen den
Gesamtinhalt dieses Abschnitts zusammenfassen. Dem
wörtlichen Sinn nach fügen sie allerdings nichts neues
hinzu, im bildlichen dagegen sagen sie viel. Selbst die
Begründung der Einteilung der Dichtung liegt in
ihnen, der auch Hierokles folgt, ohne sie weiter zu
begründen. Lysis zeigt in ihnen deutlich, daß er hier
zu einem neuen Abschnitt übergeht, er lenkt die Aufmerksamkeit des Schülers auf die neue Laufbahn, die
sich ihm eröffnet, auf die Mittel und Möglichkeiten,
auf diesem Wege fortzuschreiten, um zu den göttlichen
Tugenden zu gelangen, die ihre Krönung bilden. Jenes
Mittel ist die Selbsterkenntnis. Die von allen Weisen
so hochgepriesene Erkenntnis, die den Zugang zu
jeder anderen Erkenntnis verleihen sollte, den Schlüssel zu den Geheimnissen der Natur und des Universums, konnte aber in jener Zeit, in der Pythagoras
lebte, nicht unverschleiert bekannt gegeben werden.
Pythagoras lehrte sie unter dem Symbol der heiligen
Tetraktis, oder Vierzahl. Darum bringt Lysis bei dieser
Gelegenheit den Namen seines Meisters mit dem bedeu-
tungsvollsten und charakteristischen Zug seiner Lehre

in Verbindung. Er sagt: „Ich schwöre bei dem, der unsere Seele die Tetraktis erkennen gelehrt hat, diese Quelle der ewigen Natur, d. h., ich schwöre bei dem, der meine Seele gelehrt hat, sich selbst zu kennen, und mich dadurch in den Stand gesetzt hat, die gesamte Natur zu erfassen, von der die Seele das Bild im kleinen ist." Was unter der berühmten Tetraktis zu verstehen ist, habe ich schon wiederholt gesagt. Es wäre vielleicht hier am Platze, tiefer auf die ihr zu Grunde liegenden Prinzipien einzugehen, würde aber zu weit führen. Denn wir müßten dazu in die Einzelheiten der Arithmologie des Pythagoras eindringen, diese aber würden ermüdend und unverständlich sein, weil uns die notwendigen Grundlagen fehlen. Nach dem Beispiel der Weisen des Altertums pflegte er sich der Zahlensprache zu bedienen. Diese aber ist vollständig verloren gegangen. Die wenigen übrig gebliebenen Fragmente dienen nur dazu, ihre Existenz zu beweisen, geben aber keinerlei Aufklärung über ihre Grundlagen, denn man ging von der Voraussetzung aus, daß die Sprache, in der sie geschrieben, bekannt sei, wie die mathematischen Terminologien den heutigen Mathematikern. Wollte man, ohne Kenntnis des Wertes und der Anwendung algebraischer Zeichen eine Aufgabe lösen, die in diesen Zeichen liegt, oder eine solche Aufgabe aufstellen, so hieße das, sich der Lächerlichkeit preisgeben. In Bezug auf die Sprache der Zahlen hat man aber wiederholt so gehandelt. Man hat sie nicht nur erklären wollen, ohne sie gelernt zu haben, sondern sogar gemeint, sie schreiben zu können, und hat sie dadurch zu einer ganz kläglichen und unmöglichen Sache gemacht. Die Gelehrten haben sie in dieser Form und Verkleidung mit Recht verachtet, diese Geringschätzung jedoch leider auch auf die übrigen Zweige der Wissenschaft des Altertums übertragen.

Es ist meine Absicht, diesem Gegenstand einmal näher zu treten, um die wahren Grundlagen der pythagoräischen Arithmologie ans Licht zu bringen und zu zeigen, daß sie in Bezug auf die intelligiblen Dinge dasselbe war, was die Algebra heute für die physischen Dinge ist. Allerdings müßten, um die pythagoräische Arithmologie verständlich zu machen, vorerst die Prinzipien, die er der Musik zu Grunde legte, erörtert werden. Ohne also auf die wesentlichen Prinzipien der pythagoräischen Vierzahl tiefer einzugehen, wollen wir hier nur feststellen, daß sie das Symbol für alle die Dinge war, die eine eigene Bewegungskraft besitzen und sich durch fakultative Modifikationen manifestieren. Pythagoras zufolge bezeichnen 1 und 2 die verborgenen Prinzipien der Dinge. 3 ihre Vermögen, und 4 ihr eigentliches Wesen. Diese vier Zahlen ergeben durch Addition die Zahl 10, die das universelle und individuelle Sein bedeutet. Es konnte also die Vierzahl, in der sozusagen ihre Kraft liegt, das Symbol aller Wesen sein, denn es existiert kein Wesen, dem nicht Prinzipien eigen sind, das sich nicht durch mehr oder weniger vollkommene Fähigkeiten manifestiert und ein universelles oder relatives Dasein besitzt. Die Vierzahl wird aber von Pythagoras am häufigsten in Bezug auf den Menschen angewendet, der sich, wie gesagt, gerade so wie das Universum, unter den drei Modifikationen des Körpers, der Seele und des Geistes manifestiert. Das, was Plato „den Identischen" und „den Anderen" oder „den Unteilbaren" und „den Teilbaren" nennt, sind die unbekannten Prinzipien dieser ersten Dreizahl. Das unteilbare Prinzip gibt den Geist; das teilbare den Körper; die Seele wird durch den Geist aus dem letzteren Prinzip heraus entwickelt[306]). Dies ist auch die Lehre des Pythagoras, dem Plato sie entlehnte, sowie die Lehre der Ägypter, wie aus den dem Hermes zugeschriebenen Werken zu ersehen ist. Synesius, der ebenfalls in die ägyptischen Mysterien initiiert war, sagt ausdrücklich, daß die Seele des Menschen aus zwei Quellen ihren Ursprung zieht, aus einer lichten, die aus dem Himmel herniederfließt, und einer dunklen, die aus den Tiefen der Erde stammt[307]). Die ersten Christen folgten, der theosophischen Tradition getreu, der gleichen Lehre und machten zwischen Geist und Seele einen großen Unterschied. Nach ihrer Auffassung geht die Seele aus dem materiellen Prinzip hervor und ist nicht aus eigenem Vermögen erleuchtet oder tugendhaft. „Der Geist", sagt Basilides, „ist eine Gabe Gottes: er ist die Seele der Seele, er verbindet sich mit ihr, erleuchtet sie, löst sie von der Erde und erhebt sie mit sich in den Himmel[308])." Beausobre, der diese Worte zitiert, fügt die Bemerkung hinzu, dieses sei die Anschauung vieler Kirchenväter der ersten Zeit gewesen, insbesondere die des Tatian[309]).

Von dieser ersten Dreiheit ist schon wiederholt die Rede gewesen, ebenso von den drei Vermögen, die jeder ihrer drei Modifikationen angehören. Trotzdem halte ich es für geboten, an dieser Stelle noch einmal zusammenfassend auf diesen Punkt zurückzukommen und im Zusammenhang mit ihm von der Willenseinheit zu sprechen, die in Verbindung mit dieser Dreiheit die menschliche Vierzahl im allgemeinen ausmacht, und die menschliche Vierzahl im besonderen, das Individuum.

Die jeder der drei menschlichen Modifikationen entsprechenden drei Vermögen sind die Empfindsamkeit für den Körper, das Gefühl für die Seele, und die Zustimmung für den Geist. Sie entwickeln den Instinkt, den Verstand und die Intelligenz, die wiederum durch gegenseitige Reaktion den gesunden Menschenverstand, die Vernunft und die Klugheit erzeugen.

Die tiefste Stufe der ontologischen Hierarchie nimmder Instinkt ein. Er ist absolut passiv. Die Intelligent steht auf der höchsten Stufe und ist ganz aktiv, dez Verstand, auf der mittleren Stufe, neutral. Dir Empfindsamkeit faßt die Empfindungen auf. Dae Gefühl erfaßt die Vorstellungen, die Zustimmung triffs die Auswahl unter den Gedanken: im Auffassen, Bet greifen, Erwählen, besteht die Tätigkeit des Instinktsdes Verstands und der Intelligenz. Der Verstand ist, der Sitz aller Leidenschaften, die der Instinkt fortwährend nährt, erregt und in Unordnung zu versetzen neigt, und die die Intelligenz reinigt und mäßigt, und stets harmonisch auszugleichen bestrebt ist. Unter der Reaktion des Verstandes entwickelt sich der Instinkt zum gesunden Menschenverstand: die Klarheit, mit welcher er die Begriffe erfaßt, hängt von dem Grade des Einflusses ab, den er dem Verstand einräumt. Unter der Reaktion der Intelligenz wird der Verstand zur Vernunft: je ruhiger seine Leidenschaften sind, um so richtiger sind die Meinungen, die er konzipiert. Durch eigene Bewegungskraft vermag die Vernunft nicht zur Weisheit zu gelangen oder die Wahrheit zu finden, denn sie steht sozusagen im Mittelpunkt einer Kugel und ist gezwungen, um vom Zentrum zum Umkreis zu gelangen, stets eine von dem Ausgangspunkt bedingte gerade Linie einzuhalten. Ihr gegenüber steht das Unendliche, d. h., da die Wahrheit nur eine einzige ist und sich nur an einem bestimmten Punkt des Umkreises befinden kann, ist sie nur dann anzutreffen, wenn dieser Punkt im voraus bekannt ist und die Vernunft in der Richtung eingestellt ist, die auf diesen Punkt ausmündet. Nur die Intelligenz kann, indem sie die Zustimmung dem Ausgangspunkt erteilt, die Vernunft in die rechte Richtung einstellen; doch vermag sie diesen Punkt nur durch die Weisheit zu erkennen, diese ist die Frucht der Inspiration: die Inspiration aber ist der Tätigkeitsmodus des Willens, der im Verein mit der beschriebenen dreifachen Dreiheit die ontologische menschliche Vierzahl bildet. Der Wille ist es, der die ursprüngliche Dreiheit in seine Einheit umschließt und jedes ihrer Vermögen bestimmt, sich zu bewegen, so wie es ihm entspricht: es gäbe überhaupt keine Existenz ohne ihn. Die drei Vermögen, durch die sich die Willenseinheit in der dreifachen Dreiheit manifestiert, sind: das Gedächtnis, das Urteil und die Vorstellungskraft. Diese drei wirken in einer homogenen Einheit, sie berühren nicht eine der einzelnen Modifikationen mehr als die andere, sie sind ganz und vollständig dort, wo der Wille ist. Dieser wirkt nach eigenem Gefallen in der Intelligenz oder im Verstand, im Verstand oder im Instinkt. Er ist dort, wo er sein will, seine Fähigkeiten folgen ihm überall nach. Er ist wo er sein will, wenn der Mensch vollkommen entwickelt ist; denn er ist, dem Lauf der Natur entsprechend, zuerst im Instinkt gegenwärtig, und geht in dem Maß, in welchem sich die seelischen und geistigen Fähigkeiten entwickeln, in den Verstand, und von diesem in den Geist über. Damit aber diese Entwicklung stattfinden kann, muß der Wille sie bestimmt haben, denn ohne den Willen gibt es keine Bewegung. Halten Sie daran fest. Ohne die Tätigkeit des Willens ist die Seele leblos und der Geist unfruchtbar. Hier liegt der Ursprung zu der seelischen

Ungleichheit der Menschen. Der Wille, der nicht über das Materielle hinausreicht, bildet die instinktiven Menschen; der sich im Verstande konzentriert, die seelischen; der in der Intelligenz wirkt, die intellektuellen. Seine völlige Harmonie in der ursprünglichen Dreiheit, sein mehr oder minder energisches Wirken in der Gesamtheit ihrer gleichmäßig entwickelten Fähigkeiten bildet die außergewöhnlich hervorragenden Menschen, die großen Genies. Diese Menschen der vierten Klasse, die die Autopsie der Mysterien[310]) repräsentieren, das Gottschauen, sind außerordentlich selten. Ein starker Wille, der mit ganzer Konzentration im Verstand oder in der Intelligenz wirkt, ruft durch die Schärfe der Vernunftschlüsse und Weisheitsblitze oft unberechtigter Weise den Eindruck der Genialität hervor. Wir sahen in Kant eine hervorragende Vernunft ihr Ziel verfehlen, weil die Intelligenz nicht mit tätig war. In demselben Lande können wir an Boehme das Beispiel sehen, daß die angespannteste Intelligenz zusammenbricht, wenn es ihr an Vernunft fehlt. Es hat zu allen Zeiten und bei allen Völkern Männer gegeben wie Kant und Boehme. Sie irrten, weil sie sich selbst nicht erkannt haben, aus einem Mangel an Harmonie. Sie hätten diese erlangen können, wenn sie sich Zeit genommen hätten, sich zu vervollkommnen. Sie irrten, doch ist ihr Irrtum ein Beweis für die Kraft ihres Willens. Ein schwacher Wille, der im Verstand oder in der Intelligenz wirkt, erzeugt nur vernünftige oder geistreiche Menschen; wirkt er im Instinkt, so bringt er die schlauen hervor; ist er durch die ursprüngliche Anziehungskraft des Instinkts in diesem körperlichen Vermögen stark und heftig konzentriert, so bildet er die für die menschliche Gesellschaft gefährlichen Verbrecher.

26. Es soll die Seele dein vor allem, treu der Pflicht,
Inbrünstig zu den Göttern rufen, deren Hilfe
Allein die Krönung deines Wirkens bringt.

Alle Kulte der Erde haben das Gebet zu einer religiösen
Pflicht gemacht. Dieses beweist schon, daß die theosophischen Lehren die Freiheit des Willens anerkannten, denn ist der Mensch in seinem Handeln nicht frei,
sondern einem unabwendbaren Geschick unterworfen,
so hätte es keinen Nutzen, die Götter anzurufen, damit sie das Unglück von ihm abwenden. Wenn eine
undurchdringliche Scheidewand die Götter von den
Menschen trennt, wie Epikur lehrt, wenn die Götter
in unerschütterlichem Gleichmut und Glückseligkeit
den Leiden der Menschheit fremd bleiben, sie nicht
lindern oder ihnen vorbeugen wollen und können, was
sollten dann die Rauchopfer, die Epikur selbst ihnen
darbrachte?[311]) Er sagt, es geschehe um der Verehrung willen, die er der Vollkommenheit ihres Wesens
zolle, nicht aber aus einem Motiv der Hoffnung oder
Furcht, denn er erwarte weder Gutes noch Böses aus
ihrer Hand[312]). Das sind jämmerliche Sophismen!
Mußte er nicht, ehe er diese Behauptung aufstellte,
klar und unzweideutig feststellen, woher das Gute und
das Böse stammen, um dann zu beweisen, daß die
Götter tatsächlich keinen Anteil an der Vermehrung
des einen und der Verminderung des andern nehmen?
Doch hat er niemals eine derartige Erklärung ab-
gegeben. Sie hätte überdies die atomistische Lehre
umgestoßen, denn ein und dasselbe Prinzip kann nicht
beides, Gutes und Böses, hervorbringen. Wenn er aber
diesen Ursprung nicht erklärt und es auch nicht aus-

drücklich klarstellt, daß wir uns in einem Kreise befinden, in dem das Böse unumschränkt herrscht, von dem aus wir daher auch keine Verbindung mit Kreisen haben können, in denen das Gute lebt und wirkt, so ist es klar, daß, was wir an Gutem in uns haben, doch nur aus jenen Kreisen kommen kann, in denen die Quelle des absolut Guten liegt. Diese Kreise sind aber gerade diejenigen, in welche Epikur die Götter versetzt[313]). Vielleicht werden uns Verteidiger des Epikur erwidern, das Gute in uns sei aus der Sphäre der Götter einmalig zu uns gekommen, seitdem aber nicht wieder. Aber solches widerspricht dem intimsten und gleichzeitig allgemeinsten unserer Begriffe von der Gottheit, dem Begriff ihrer Unveränderlichkeit, auf den sich Epikur selbst hauptsächlich stützt, und aus dem gerade hervorgeht, daß die Götter nicht anders sein und handeln können als wie sie gewesen sind und gehandelt haben.

Es läuft also immer wieder auf das gleiche heraus. Jeder, der ein System aufstellt, hat zwischen den beiden Alternativen die Wahl zu treffen: entweder muß er den Ursprung des Guten und Bösen erklären, oder a priori das theosophische Dogma von der Freiheit des Willens zugeben. Das wußte auch Epikur. Trotzdem diese Lehre sein eigenes System vollständig umstößt, hat er es doch vorgezogen, sie anzunehmen, denn er vermied dadurch, eine Erklärung geben zu müssen, die er nicht geben konnte, und die überhaupt niemand abzugeben vermag. Wenn der Mensch frei ist, so kann er auch beraten werden, und wenn er beraten werden kann, so kann er selbstredend auch um Rat bitten. Dies ist das vernünftige Prinzip des Gebets. Der gesunde Menschenverstand lehrt uns, bei solchen Rat einzuholen, die weiser sind als wir, und die Klugheit weist uns auf die Gottheit hin, weil sie die Quelle der Weisheit ist.

Epikur leugnete das Eingreifen der göttlichen Vorsehung in die Geschicke der Welt und behauptete, daß die Götter, in der eigenen Glückseligkeit absorbiert, sich um nichts Irdisches kümmerten[314]). Diese Behauptung steht mit der Lebensführung des Philosophen in Widerspruch, und eine sehr einfache Frage würde bereits genügen, um sie umzustoßen. Ich ziehe aber vor, diese an Bayle zu richten, der mit einem großen Aufwand von Logik Epikurs Ansicht zu stützen versucht hat. Er führt uns Epikur vor Augen, im Disput mit einem polytheistischen Priester begriffen, und legt ihm ein Argument gegen die Vorsehung in den Mund, das er für unwiderleglich hält: „Sind die Götter mit ihrer Regierung der Welt zufrieden oder unzufrieden? Antworte mit Bedacht auf diese Frage, denn wenn sie zufrieden sind mit dem, was unter ihrer Vorsehung vor sich geht, so haben sie Freude am Schlechten; sind sie dagegen unzufrieden, so sind sie unglücklich[315]).“ Die Art, wie Bayle mitten in das Problem hineingreift, ohne seine Prinzipien zu untersuchen, stempelt ihn zum Skeptiker. Wir müssen also gegen ihn mit denselben Waffen vorgehen wie gegen diese, d. h. ihn kurzerhand auf die Prinzipien zurückführen, indem wir ihm eine Frage stellen, ehe wir auf die seine antworten. Wir müssen auch ihn fragen, ob er zwischen dem, was ist, und dem, was nicht ist, einen Unterschied zuläßt. Daß er ihn wird zugeben müssen, habe ich bereits gezeigt, denn in welche der Regionen sein Wille auch flüchte, sei es, daß er sein Urteil im Instinkt fällt, im Verstand oder in der Intelligenz, werden Sie ihm folgen. Sie werden ihm, im ersten Fall, das Axiom des gesunden Menschenverstands entgegenhalten: Nichts kann aus Nichts entstehen; im zweiten Fall das Axiom der Vernunft: was ist, ist; im dritten Fall das Axiom der Klugheit: jedes Ding hat ein Gegenteil und kann nur eines haben. Aus Nichts kann nichts werden, also kann, was nichts ist, nicht hervorbringen, was ist. Was ist, ist, also ist das, was nicht ist, nicht das, was ist. Jedes Ding hat ein Gegenteil und kann nur eins haben. Also ist das absolute Gegenteil von dem was ist, dasjenige das nicht ist. Gibt der Skeptiker nicht zu, was der gesunde Menschenverstand, die Vernunft und die Klugheit gemeinsam klar beweisen, so belügt er sein Gewissen oder ist unzurechnungsfähig, und man kann ihm dann nur den Rücken wenden.

Ist der Unterschied zwischen dem, was ist, und dem, was nicht ist, zugegeben, so fragen Sie Bayle oder solche, die ebenso denken wie er, weiter, ob der Mensch dem absolut Schlechten, in physischer und in moralischer Hinsicht, ausgesetzt ist. Sie werden Ihnen verneinend antworten, denn sie wissen, daß, wenn sie anders antworten, sie Ihnen beweisen werden, daß ihnen das stärkste Argument gegen die Vorsehung fehlt, denn dieses würde ihnen nur zu Gebot stehn, wenn sie fähig wären, zwischen Gutem und Bösem zu unterscheiden und sie miteinander zu vergleichen. Sie werden ihnen daher antworten, daß der Mensch nicht dem absolut Schlechten, wohl aber einem relativen Schlechten ausgesetzt ist, und das in reichem Maß. Dann fahren Sie weiter fort: Ist der Mensch nicht dem absolut Schlechten ausgesetzt, so könnte er es doch sein, die Summe des Guten, die das Schlechte mildert, brauche man nur fortzutun, so träte dieser Fall ein. Der bereits zugegebene Unterschied zwischen dem, was ist, und dem, was nicht ist, lasse ja beide aus-

136

einanderhalten. Dieses Gute aber, woher kommt es? Wer teilt es aus? Schweigen die Skeptiker auf diese Fragen, so antworten Sie an Stelle jener, daß es von der Gottheit ausgeht und daß es die Vorsehung ist, die es darreicht. Dann erst kommen Sie auf die erste Frage der Skeptiker zurück, indem Sie sagen, daß die Götter mit ihrer Regierung zufrieden sind, und Grund dazu haben; denn jene stets wachsende Fülle von Gutem, die das Schlechte gemildert hat und es weiter mildert, geht von ihnen aus; ohne die Götter jedoch vermöchten die Menschen es nicht zu erkennen. Halten die Skeptiker dann entgegen, daß die Vorsehung nur langsam erreiche, was sie in einem kurzen Augenblick erreichen könnte, so antworten Sie, die Frage hätte nicht darin bestanden, wie oder warum die Vorsehung so handle, sondern nur, ob sie so handle. Dieses hätten Sie bereits bewiesen, indem Sie das von den Skeptikern aufgestellte Dilemma umgestoßen hätten. Trotz der großen Bedeutung, die die Zeit für uns hat, käme sie bei dieser Frage garnicht in Betracht.

Die Skeptiker werden nun vielleicht noch weitere Konsequenzen aus Ihren Schlüssen ziehen wollen, sie werden sagen: wenn die Ausgießung des Guten eine andauernde ist, ihre Summe also täglich zunehme, so müßte die des Bösen sich täglich vermindern und das Böse zuletzt ganz verschwinden, das ließe sich aber nicht wahrnehmen. Antworten Sie, daß die Konsequenzen der Schlüsse, welche die ihren verstummen, den Skeptikern zur Disposition stehn, Sie ihnen aber nicht die Berechtigung zuerkennen, über diese hinaus mit ihnen zu disputieren, denn Jeder habe die Freiheit der eigenen Meinung; übrigens seien Sie es der Wahrheit schuldig, ihnen mitzuteilen, daß das Dogma, mit dem Sie die Skeptiker geschlagen, nichts anderes ist als eine theosophische Tradition, die in alter Zeit auf der ganzen Erde geherrscht hat, und daß dies nicht schwer zu beweisen ist.

In den heiligen Büchern der Chinesen, der Burmanen, der Inder, der Parsen, überall trifft man auf unzweideutige Spuren dieses Dogmas. Bei den einen wird die Vorsehung als himmlische Jungfrau dargestellt, welche die Waffen liefert, mit denen das Böse bekämpft und besiegt wird[316]). Bei den andern ist es das Universum und die Welten, aus denen es besteht, die als das Werkzeug bezeichnet werden, mit welchem die Vorsehung das Ziel zu erreichen strebt[317]). Es ist die Geheimlehre der Mysterien[318]). Das Gute und das Böse wurden in den Sanktuarien unter dem Symbol des Lichts und der Finsternis dargestellt. Dem Initiierten führte man das Schauspiel des furchtbaren Kampfes zwischen den beiden Prinzipien vor. Nach einigen Schreckensszenen ließ man auf das tiefste Dunkel das leuchtendste und klarste Licht folgen[319]). Auch Zoroaster hat dasselbe öffentlich gelehrt. Ormuzd, sagt er, hat durch seine Allwissenheit gewußt, daß er auf Ahriman nicht vom ersten Anfang an Einfluß gewinnen könne. Später erst werde er sich mit ihm verbinden und ihn zuletzt überwinden. Dann werde er ihn so vollkommen verändern, daß das Universum durch viele Jahrhunderte ohne das Böse sein werde[320]). An anderer Stelle sagt er: ,,Wenn das Ende der Welt gekommen ist, wird der schlechteste der höllischen Geister rein, vortrefflich, himmlisch sein; ja, himmlisch wird er, der Lügner und Böse sein, heilig und vollkommen, der Grausame: er, das Laster selbst, wird nur Tugend hervorgehen lassen, und vor den Augen aller dem Ormuzd Opfer darbringen[321])." Diese Worte verdienen Beachtung, denn die Lehre von dem Abfall des rebellischen Engels ist aus der Kosmogonie der Perser in die der Hebräer übergegangen, und auf dieses, vom ungebildeten Volk falsch interpretierte Dogma ist die Lehre von der ewigen Dauer des Bösen und seiner Bestrafung aufgebaut worden. Diese Lehre ist, sobald sie bekannt wurde, heftig angegriffen worden[322]). Simon, dem man sehr mit Unrecht den Beinamen „der Magier" gegeben hat, zwang Petrus das Zugeständnis ab, daß die hebräischen heiligen Schriften nichts Positives über diesen Gegenstand aussagen[323]). Das ist richtig. Jene Schriften, soweit man sie in der Übersetzung der hellenistischen Juden unter dem Titel Septuaginta kennt, werfen auf diesen wichtigen Punkt kein Licht, wobei man aber nicht vergessen darf, daß die Übersetzer mit Absicht das Licht verdunkelt haben, um den Sinn ihres heiligen Buches nicht öffentlich bekannt zu geben. Würde man die Sprache des Moses wirklich verstehen, so ließe sich erkennen, daß er sich nicht von der in Ägypten erhaltenen theosophischen Tradition entfernt hat, und ihr stets treu geblieben ist. Die Stelle, wo er im gleichen Sinn wie Zoroaster von der Vernichtung des Bösen redet, befindet sich im dritten Kapitel, Vers 15, der Genesis[324]). Wir können hier aber nicht näher auf diesen Punkt eingehen, weil eine Diskussion über die richtige Übersetzung dieser Stelle uns zu weit führen würde; ich will nur darauf hinweisen, daß die ersten Christen durchaus nicht die ewige Dauer des Bösen anerkannt haben. Abgesehen von Manes und seinen Anhängern, die die Ansicht des Zoroaster teilten[325]), hat auch Origenes gelehrt, daß die Strafen keine ewigen sind und die Dämonen sich zuletzt bekehren und Gnade erlangen werden[326]). Beausobre ist der Ansicht, daß viele Gelehrte Origenes hierin folgten. Er führt das Beispiel eines Philosophen aus Edessa an, der die Behauptung aufgestellt habe, daß am Ende der Zeiten alle Kreaturen konsubstantiell mit Gott sein werden[327]).

Bei der Lehre des Zoroaster nimmt das Gebet eine hervorragende Stelle ein; Mohammed folgte seinem Beispiel, er hat dem Gesetzgeber der Parsen überhaupt viel entlehnt, ist sich dessen aber wahrscheinlich nicht klar bewußt gewesen. Doch mögen auch die von den nach Arabien geflüchteten Manichäern dort verbreiteten Lehren und Ansichten einen Einfluß in dieser Hinsicht ausgeübt haben. Das Dogma, das im Zend-Avesta ganz an seinem Platz ist, scheint in den Koran in geringerem Maß hinein zu passen, erscheint zwecklos in einem Kultus, in welchem die durch die göttliche Vorhersehung und Allmacht notwendig bedingte Prädestinationslehre die Mehrzahl der Menschheit einer ewigen Verdammung überliefert, weil sie durch die Sünde des ersten Menschen mit einem Flecken belastet ist. Man gewinnt den Eindruck, daß das von Zoroaster öffentlich gelehrte Dogma, das er der theosophischen Tradition entnommen hat, von der Freiheit des Willens und dem Einfluß der Vorsehung, welche das fortschreitende Zunehmen des Guten und das graduelle Abnehmen des Bösen bewirkt, einen gewissen Einfluß auf den Geist des arabischen Religionsstifters ausgeübt haben muß. Denn das von ihm als erste und hauptsächlichste religiöse Pflicht vorgeschriebene Gebet wäre sonst zwecklos gewesen.

Nach der von Hierokles überlieferten Lehre des Pythagoras sind es zwei Dinge, die das Gebet wirksam machen: der freiwillige Antrieb der Seele und die Hilfe des Himmels. Das erste der beiden ist es, das das Gute sucht, das zweite dasjenige, das es offenbart. Das Gebet bildet das Bindeglied zwischen unserem Suchen und der himmlischen Gabe. Man würde umsonst suchen und umsonst bitten, wenn man dem Suchen nicht das Gebet, und dem Gebet nicht das Suchen beigesellte. Die Tugend ist eine Emanation Gottes, ein zurückgeworfenes Bild der Gottheit, in dessen Ähnlichkeit allein das Gute und das Schöne liegt. Die Seele, die sich von diesem herrlichen Vorbild aller Vollkommenheit fesseln läßt, wird durch die Neigung zur Tugend zum Gebet angetrieben, welche Neigung mit der Ausgießung des Guten, die ihr durch das Gebet zuteil wird, wächst, sodaß sie gerade dasjenige tut, was sie erbittet, und das erbittet, was sie tut[328]). Sokrates entfernt sich auch in diesem Punkt nicht von der Lehre des Pythagoras. Er fügt nur hinzu, das Gebet erheische viel Vorsicht und Klugheit, es könne sonst der Fall eintreten, daß man unbewußt von den Göttern große Übel erbitte im Glauben, daß sie große Güter seien. „Der Weise", sagt er, „weiß, was man sagen und tun soll, der Törichte weiß es nicht; der eine bittet im Gebet um das, was ihm wirklich nützlich ist; der andere wünscht sich oft Dinge, deren Gewährung die Quelle größten Unheils für ihn werden könnte. Der Verständige muß sich stets, wenn er im Zweifel ist, der Vorsehung anvertrauen, denn sie kennt die Folgen, welche die Dinge zeitigen, besser als er selbst." Sokrates zitiert als vorbildlich an Sinn und Vernunft das Gebet eines alten Dichters:

„Gewähret mir, ihr Götter, was mir nützlich,
Ob ich darum euch bitte oder nicht;
Und ist, worum ich fleh', mir schädlich,
Gewähret, große Götter, meine Bitte nicht[329])."

141

Das Gebet bildet, wie gesagt, eines der Hauptdogmen Zoroasters[330]); die Parsen setzten großes Vertrauen in seine Wirksamkeit. Auf diese begründeten sie, wie die Chaldäer, die ganze Macht der Magie. Sie sind noch heute im Besitz verschiedener Gebete zur Beschwörung von Krankheiten und zur Vertreibung der Dämonen. Diese Gebete, die Tafids, schreiben sie auf Papierstreifen und tragen sie als Talisman[331]). Hierin ahmen sie, wie in vielen andern Dingen, den alten Ägyptern nach, deren geheime Lehre Moses ihnen überliefert hat[332]). Auch die ersten Christen entfernten sich nicht von der theosophischen Auffassung dieses Gegenstands. Origenes beweist dies ganz klar, wenn er von den Kräften spricht, die gewissen Worten zugeschrieben werden, welche von den weisen Ägyptern und den erleuchteten Weisen der Parsen angerufen werden[333]). Synesius, der berühmte, in die Mysterien eingeweihte Bischof von Ptolemäa, erklärt, daß die Wissenschaft, vermöge welcher man die geistigen Essenzen oder Kräfte durch Anrufung der Genien mit den sinnlichen Formen verbinde, weder eitel noch verbrecherisch sei, sondern sehr unschuldig und auf der Natur der Dinge begründet[334]). Pythagoras wurde der Magie beschuldigt. Es ist eine banale Anklage, mit der die Unwissenheit und Geistesarmut stets die Wissenschaft und die Seelengröße beschuldigt haben[335]). Dieser Philosoph, den man mit Recht zu den geschicktesten Ärzten Griechenlands gezählt hat[336]), wurde von seinen ergebensten Schülern weder den Göttern noch den Heroen zugerechnet; er war in ihren Augen nur ein Mensch, dessen Tugend und Weisheit ihn mit der Ähnlichkeit der Götter geschmückt hatten, durch die vollständige Ausscheidung alles Schlechten aus seinem Geist, bewirkt durch die Kontemplation und das

142

Gebet[337]). Das drückt Lysis mit den folgenden Versen aus.

27. Gelehrt durch sie wirst du nicht Schaden nehmen;
Du wirst das Wesen alles Seins versteh'n,
Prinzip und Ziele aller Dinge kennen.

Das heißt: versenkt in die Betrachtung der Götter, und dadurch mit ihnen verbunden, erreicht der Schüler des Pythagoras jene höchste Stufe der Vollendung, die sogenannte Autopsie der Mysterien. Die trügerischen Schleier, die ihm die Wahrheit bisher verhüllt hatten, sanken nieder, und vor seinem Blick lag die ganze Natur bis zu ihren entferntesten Quellen. Um so weit zu gelangen, muß der Geist, von dem göttlichen Strahl der Inspiration durchdrungen, den Verstand mit solcher Klarheit erleuchten, daß alle Illusionen der Sinne in nichts zerfließen, und die Seele erheben und von der Materie befreien. So wenigstens erklären es Sokrates und Plato[338]). Sie beide und alle ihre Schüler wissen den Vorteilen der Autopsie keine Grenzen zu setzen. Sie geben diesem höchsten Grad bisweilen auch die Bezeichnung Theophanie. Durch die Kontemplation, so glaubten sie, könne sich die Seele schon im irdischen Leben mit der Gottheit vereinigen, sich mit ihr vermischen und verschmelzen. Plotin rühmt sich, diesen Zustand der Verzückung viermal erlebt zu haben, wie Porphyrius berichtet, der selbst in seinem achtundsechzigsten Jahr derselben Ehre teilhaftig geworden zu sein behauptet[339]). Die Möglichkeit dieser Vereinigung mit Gott zu lehren und den Weg dazu zu weisen, war das Endziel der Mysterien. Alle Initiationen, alle

143

mythologischen Lehren zielten nur darauf hin, die
Seele von dem Gewicht der Materie zu befreien, sie
durch die Ausstrahlung des Geistes zu reinigen, zu
erleuchten, damit sie die geistigen Güter zu erkennen
vermöge und, indem sie sich über den Kreislauf der
Generation erhebt, bis zu der Quelle ihres Ursprungs
hinaufschwinge[340]). Eine eingehende und sorgfältige
Untersuchung der verschiedenen Kulte, die auf der
Erde geherrscht haben oder noch herrschen, zeigt, daß
alle von diesem Geist beseelt waren. Stets ist die Erkenntnis des Seins alles Seins der Menschheit als höch-
ster Gipfel der Weisheit dargestellt worden, ihm ähnlich zu werden als der Höhepunkt der Vollkommenheit,
die Freude an ihm als der Gegenstand aller Wünsche
und das Ziel alles Strebens. Man hat in der Aufzählung
seiner unendlichen Fähigkeiten variiert, wenn aber die
Einheit seines Wesens ins Auge gefaßt wird, ist sie
stets definiert worden wie Pythagoras es tut, als das
Prinzip und Ziel aller Dinge. ,,Der Geist, von dem alle
erschaffenen Lebewesen hervorgehn,'' sagen die Brahmanen, ,,durch den sie leben, zu dem sie hinstreben,
in dem sie zuletzt aufgehn, den sollst du erkennen
wollen, es ist das höchste Wesen[341]).'' — ,,Das Universum ist eine seiner Gestalten[342]).'' — ,,Er ist das
Wesen aller Wesen: ohne Art, ohne Eigenschaft, ohne
Leidenschaft, unendlich, unbegreiflich; kein Verstand
vermag sein Wirken zu erfassen, sein Wille allein ist
es, der den Geist aller bewegt[343]).'' — ,,Er ist die
Wahrheit und das Wissen, das nicht untergeht[344]).'' —
,,Seine Weisheit, seine Macht, seine Pläne gleichen
dem uferlosen Meer, über das niemand hinüber kann.
Außer ihm gibt es keinen Gott. Das Universum ist
von seiner Unendlichkeit erfüllt. Er ist das Prinzip
aller Dinge und selbst keinem Prinzip unterworfen[345]).''

144

— „Gott ist einer (Ekhammesha), er ist ewig. Er gleicht einer vollkommenen Kugel, die keinen Anfang und kein Ende hat. Er ordnet und regiert alles was existiert mit einer Vorsehung, die aus festen und bestimmten Prinzipien hervorgeht. Der Mensch unterfange sich nicht, Natur und Wesen dieses Unaussprechlichen ergründen zu wollen, es ist nutzlos und ist ein Verbrechen." —

So drücken sich die indischen Weisen an verschiedenen Stellen aus. Sie empfehlen es, nach der Erkenntnis des Höchsten zu forschen und sich würdig zu machen, in seinen Schoß aufgenommen zu werden, und sie verbieten gleichzeitig, sein Wesen zu ergründen. Die Lehre ist in völliger Übereinstimmung mit der Lehre der Mysterien. Hier möchte ich eine wichtige Bemerkung einschalten, die dazu dient, einiges Licht auf eine Lehre zu werfen, die auf den ersten Blick Widersprüche zu enthalten scheint.

Derjenige, den sein innerstes Wollen dazu treibt, die höchste Stufe menschlicher Vervollkommnung zu erreichen, wird, wenn er durch die Aneignung göttlicher Tugenden und die Klärung seiner Einsicht zur Erkenntnis der Wahrheit gelangt ist, inne werden, daß er diese Erkenntnis, die ihn beglücken soll, andern um so weniger mitzuteilen vermag, je höher er in die Sphäre des Intelligiblen eindringt, und je mehr er sich dem höchsten, unergründlichen Wesen nähert. Der Grund liegt in dem Umstand, daß die Wahrheit, die er unter intelligiblen Formen und in immer universellerer Bedeutung erfaßt hat, sich nicht in die Formen der Vernunft und des sinnlich Wahrnehmbaren einschließen läßt. An diesem Punkt sind viele Mystiker gescheitert. Sie hatten die dreifachen Modifikationen ihres Wesens nicht tief genug erkannt, und kannten auch den intimen Zusammenhang der menschlichen Vierzahl nicht. Sie wußten nicht, in welcher Weise die Transformation der Ideen in aufsteigender und absteigender Progression vor sich geht. Infolgedessen verwechselten sie immerfort den Verstand und die Intelligenz und sahen nicht, daß der Wille in diesen beiden verschiedene Produkte erzeugt. So kam es, daß sie oft das Gegenteil von dem bewiesen, was sie beweisen wollten. Sie hätten vielleicht Seher sein können, brachten es aber nur zu Schwärmern und Träumern. Ich könnte viele Beispiele hierfür anführen, doch will ich mich nur auf eines beschränken. Der Betreffende besaß eine außergewöhnliche Intelligenz, es fehlte ihm aber an Verstand, ein Mangel, dessen er sich auch klar bewußt war. Es ist Jacob Boehme, ein deutscher Schuhmacher von niedrigster Herkunft. Boehmes kühner Blick ist tief in das göttliche Allerheiligste gedrungen. Das Bäuerische seines Geistes, die Herbheit seines Charakters, vor allem die vielen und starken Vorurteile machen seine Werke beinahe unverständlich und haben die Gelehrten mit Recht abgestoßen. Hat man aber die nötige Geduld und das nötige Verständnis, um zwischen dem Gold und den Schlacken zu unterscheiden, so findet man bei ihm Dinge wie nirgends anders. Sie stellen sich zuerst unter den bizarrsten, oft unter grotesken Formen dar, die seine Intelligenz bei ihrem Durchgang durch den Instinkt von diesem entlehnt hat, seine Vernunft besaß nicht die Kraft, sich diesem zu widersetzen. In naiver Weise beschreibt er diese Ideentransformation folgendermaßen: ,,Jetzt, wo ich so hoch gestiegen bin, wage ich nicht mehr zurückzublicken, aus Furcht vor dem Schwindel, der mich erfassen könnte. So lange ich im Steigen begriffen bin, fühle ich mich meines

146

Aufschwungs sicher, nicht aber, wenn ich den Kopf wende oder niedersteigen will; dann gerate ich in Verwirrung, verliere das Gleichgewicht und wähne zu fallen[346].'' Er fiel in der Tat mit solcher Geschwindigkeit, daß er die erschreckende Ungleichheit zwischen seinen Ideen und seiner Ausdrucksform, und die offenbaren Widersprüche, zu denen er durch seine Vorurteile gelangte, nicht gewahr wurde.

Diese großen Nachteile, die dem Ungebildeten nicht zum Bewußtsein kommen, sind den Weisen des Altertums nicht entgangen. Die Stifter der Mysterien kannten sie und hatten aus diesem Grunde den Initiierten und insbesondere den Epopten, denen die höchsten Geheimnisse mitgeteilt wurden, strengstes Schweigen auferlegt. Es fiel ihnen nicht schwer, denselben begreiflich zu machen, daß die intelligiblen Dinge nur durch Umgestaltung faßbar werden können, und daß dazu eine besondere Gabe und eine große Autorität erforderlich sind, die nicht jedem zu Gebot stehen.

Das Resultat meiner Betrachtung ist folgendes. Die verschiedenen Kulte auf der Erde können nichts anderes sein als eine Ideentransformation, d. h. besondere Religionsformen, vermittels welcher der Religionsstifter oder der theosophische Weise das Intelligible faßbar macht und das, was ohne diese Form nur einer kleinen Minderheit zugänglich wäre, dem Bereich aller zuführt. Nun können diese Transformationen nur auf drei Arten verwirklicht werden, den drei Vermögen der menschlichen Dreiheit entsprechend, denn auf eine vierte Art, die der Vierheit des Menschen oder seiner relativen Einheit entspräche, ist es nicht möglich. Man erinnere sich hier dessen, was ich in Bezug auf die Zusammensetzung und Bewegung dieser Vierheit gesagt habe, und gewähre mir noch ein wenig Aufmerksamkeit.

147

Da nun das Ziel aller Kulte das gleiche ist, nämlich zu der Erkenntnis der Gottheit zu führen, so kann es sich nur um den Weg handeln, den sie dazu weisen, um dasjenige zu bestimmen, worin ihr Unterschied liegt. Für diesen wird aber das Ausschlaggebende stets die Auffassung des Religionsstifters von dem Wesen der Gottheit sein. Hat er die Idee der Gottheit mit seiner Intelligenz betrachtet, so sieht er die Gottheit in ihren universellen Manifestationen, und darum als dreifache, wie das Universum. Vom Verstand aus betrachtet, schaut er sie in ihren schöpferischen Prinzipien, darum zweifach, wie die Natur. Vom Instinkt aus betrachtet, sieht er sie in ihren Eigenschaften und Attributen, daher unendlich in ihrer Vielseitigkeit, wie die Materie. Endlich von seiner Willenstätigkeit aus, die gleichzeitig in den drei Modifikationen tätig ist, sieht er dieselbe Gottheit, der Kraft und Bewegung seines Denkens entsprechend, entweder in ihrem absoluten oder in ihrem universellen Wesen, d. h. als Eine in ihrer Ursache oder als Eine in ihren Wirkungen. Betrachten Sie alle Kulte daraufhin, Sie werden jeden in eine dieser Klassen einordnen können.

Ich sagte, daß die Gottheit, von der Intelligenz aus betrachtet, sich unter dem Symbol der universellen Dreizahl darstellt. Aus dieser Auffassung sind alle die Kulte hervorgegangen, in denen drei Hauptgötter vorwiegen, wie in Indien[347]), Griechenland und Italien[348]), oder drei Modifikationen desselben Gottes, wie in China[349]), in Japan, in Tibet und bei den zahlreichen Sekten des Fo-Hi oder des Buddha[350]).

Ich sagte weiter, daß diejenigen, welche die Idee der Gottheit im Verstande entwickeln, die göttliche Manifestation unter dem Symbol der beiden Naturprinzipien lehren. Hierher gehören alle Kulte, in denen zwei

Mächte sich feindlich gegenüberstehn, wie in dem des Zoroaster. Sie haben die reinste Entwicklung bei den Parsen und den Anhängern des Manes erreicht. Sie vermischen sich leicht mit dem ersten, den man den Tritheismus nennen könnte, und sogar mit dem Polytheismus: in Ägypten und Skandinavien läßt er sich deutlich verfolgen, und noch viel ausgesprochener bei den Indern, Griechen und Lateinern. Man kann ihn als Dyarchie bezeichnen und seine Anhänger Dyarchisten nennen. Er entspricht dem Urteil und der Vernunft, daher sieht man häufig tiefe Denker und Skeptiker sich ihm fast unbewußt zuneigen. Zu weit getrieben führt er zum Atheismus, doch gebietet er, wenn man sich seiner recht bedient, über große Mittel, um dem Wesen der Dinge auf den Grund zu gehen und die Naturphänomene zu erklären.

Die Dritten, die die Idee der Gottheit im Instinkt entwickelt haben, stellen sie unter dem Symbol der materiellen unendlichen Vielseitigkeit dar: Hierher gehören alle jene Kulte, die das Intelligible sensibel und das Sensible intelligibel zu machen suchen, die beispielsweise die Eigenschaften der Gottheit partikularisieren und personifizieren, und Naturkräfte, Teile des Universums, und Individuen divinisieren. Dieser Kultus, der polytheistische, ist überall, in verschiedenen Formen und unter verschiedenen Namen, der Glaube der ungebildeten Menge. Er schleicht sich in die beiden andern ein, vermehrt die Bilder der intellektuellen Modifikationen und der Naturprinzipien, und erstickt zuletzt, trotz aller Gegenwehr der Theosophen, den Geist unter der Rinde des Körperlichen, die er über ihn breitet. Dieser Kultus, den die andern nie ganz entbehren können, der sie nährt und gleichzeitig von ihrem Leben lebt, ist Wiege und Grab aller Religion.

Er sagt jener Fähigkeit des Menschen besonders zu, die sich zuerst entwickelt, dem Gefühl; er trägt zur Entwicklung des Instinkts bei und kann in Verbindung mit dem gesunden Menschenverstand zur Erkenntnis der Naturprinzipien führen. Wird ihm zuviel Macht eingeräumt, so führt er zur Idolatrie und zum Aberglauben. Nur in den rechten Grenzen gehalten spornt er das Talent an und ruft heroische Tugenden wach. Die Exaltation des Polytheismus bringt die Helden und Künstler hervor; die Exaltation der Dyarchie die Gelehrten und Philosophen; diejenige des Tritheismus die Weisen und Theosophen. Nur in diesen drei Kulten ist eine Transformation in dem vorher erwähnten Sinn möglich, d. h. können die Ideen in äußerliche Formen gekleidet und in beliebige Rituale zusammengefaßt werden. Der vierte Kult, der auf der absoluten Einheit Gottes basiert ist, ist nicht transformationsfähig. Aus nachstehenden Gründen.

Wird die Idee der Gottheit in der Willenseinheit des Menschen, die in ihren drei Hauptvermögen gleichzeitig tätig ist, konzipiert, so stellt sie sich ihm dar in ihrem absoluten oder in ihrem universellen Wesen, als Eine in ihrer Ursache und Eine in ihren Wirkungen: Hieraus stammen keine öffentlichen Kulte, sondern alle Mysterien, alle kontemplativen und Geheimlehren. Es wäre ja nicht möglich gewesen, das was mit keinem andern Ding eine Ähnlichkeit besitzt, unter äußeren Formen darzustellen, und das, was über dem Begriffsvermögen steht, wahrnehmbar zu machen. Für das Unbeschreibliche gibt es keinen Ausdruck. Welche Tempel soll man dem errichten, das man nicht verstehen, nicht erreichen, nicht ergründen kann? Diese Schwierigkeiten haben die Theosophen und Weisen begriffen und eingesehn, daß alles Reden, alle

Scheinbilder vermieden werden müssen; daß man keine Umgrenzung errichten dürfe und nichts Greifbares dulden, um von der absoluten Natur eines Wesens, das Raum und Zeit nicht einschließen können, nicht eine falsche Idee aufkommen zu lassen. Die ältesten Magier der Perser haben in weit zurückliegenden Zeiten keine Tempel erbaut, keine Statuen errichtet[351]). Die Druiden taten es gleichfalls nicht[352]). Erstere riefen das Prinzip aller Dinge von den Gipfeln der Berge an, letztere aus dem Dickicht der Wälder. Beiden erschien es unwürdig, die göttliche Majestät in eine Umfriedung einzuzäunen oder sie im materiellen Bilde festzuhalten[353]). Es hat den Anschein, als ob die ersten Römer diese Meinung teilten[354]). Doch kann ein so ganz intellektueller und aller Formen barer Kultus nicht von langer Dauer sein. Das Volk braucht sinnlich faßbare Objekte, auf denen seine Ideen ruhen können. Diese bürgern sich ein trotz aller Gesetze, mit denen man sie fernhalten möchte[355]). Die Bilder, die Statuen, die Tempel vermehren sich trotz der Gesetze, die sie verbieten. Wenn dem Kult dann nicht eine gesunde Reform zu Hilfe kommt, wird er zu grobem Götzendienst oder zu absolutem Materialismus, d. h. der Mann aus dem Volk, der sich nicht zur Idee der göttlichen Einheit erheben kann, zieht sie zu sich herunter, und der Gelehrte, der sie nicht versteht und sie dennoch zu erfassen vermeint, verwechselt sie mit der der Natur.

Um dieser unvermeidlichen Katastrophe vorzubeugen, haben die Weisen und Theosophen aus der Einheit Gottes ein Geheimnis gemacht und es in den Sanktuarien verborgen gehalten. Nur wenn der Initiierte nach vielfachen Prüfungen sich würdig erwiesen hatte und zu der höchsten Stufe, der Autopsie, Zutritt er-

hielt, entfernte man die letzten Schleier und gab seiner
Kontemplation das Prinzip und Ziel aller Dinge preis,
das höchste Sein, in seiner unergründlichen Einheit[356]).

28. Wenn dir's der Himmel gibt, wirst du erfahren,
    Wie die Natur, sich stets im Wesen gleich,
    Dieselbe auch an jedem Orte bleibt.

Zu den tiefsten Geheimnissen der Mysterien gehörte
die Lehre von der Homogenität der Natur und der
Einheit Gottes. Pythagoras begründet diese Homogenität auf die die Natur durchdringende Einheit des
Geistes, welche auch der Urquell der Seelen ist[357]).
Diese Lehre, die er von den Chaldäern und Ägyptern
übernommen hatte, ist die aller Weisen des Altertums
gewesen. Stanley und Beausobre haben es eingehend
bewiesen[358]). Nach dieser Lehre herrscht Harmonie
und vollkommene Analogie zwischen dem Himmel und
der Erde, dem Intelligiblen und dem Sensiblen, der
unteilbaren und der teilbaren Substanz, derart, daß
jedem Begebnis in einer der Regionen des Universums,
oder in einer der Modifikationen der ersten Dreiheit,
ein genaues Gegenstück in der andern entspricht.
Dieser Gedanke ist bei Thaôt, den die Griechen Hermes
Trismegistos nennen, scharf und präzise ausgedrückt.
In der Tabula Smaragdina, die ihm zugeschrieben
wird, heißt es: „Wahrhaftig und ohne Dichtung, wahrhaftig, wahrhaftig ist, was ich euch sage: die niederen
und die höheren Dinge sind sich gleich; sie vereinen
beide ihre unbesiegbaren Kräfte, um ein einziges Ding,
das wunderbarste von allen, hervorzubringen; alle

152

Dinge gehen aus dem Willen des einigen Gottes hervor; daher muß auch, der Ordnung der universalen Natur entsprechend, alles und jedes Ding aus diesem einen sich erzeugen[359])."

Auf der Homogenität der Natur basieren übrigens im Prinzip alle sogenannten okkulten Wissenschaften. Der menschlichen Vierzahl entsprechend gab es deren vier: die Theurgie, die Astrologie, die Magie und die Chemie[360]). Die astrologische Wissenschaft habe ich bereits erwähnt, und die lächerliche Auffassung, die heute von ihr herrscht, wohl genügend klargelegt. Von den drei andern an dieser Stelle zu sprechen, würde zu weit führen. Ich beabsichtige, in einem andern Buch den Beweis zu erbringen, daß die ihnen zu Grunde liegenden Prinzipien sich sehr von denen unterscheiden, die der Aberglaube und die blinde Leichtgläubigkeit ihnen in einer Zeit der Unwissenheit gegeben haben, und daß die Wissenschaften, die in den antiken Sanktuarien gelehrt wurden, etwas ganz anderes waren als das, was der Unwissende heute unter ihnen versteht.

29. Nicht mehr an eitlen Lüsten wird dein Herz sich
    sätt'gen,
    Wenn seine wahren Pflichten es erkennt.

Das heißt, wenn der Schüler des Pythagoras durch Selbsterkenntnis zur Erkenntnis der Wahrheit gelangt ist, soll er die Möglichkeiten und Unmöglichkeiten der Dinge gesund und klar beurteilen, und in der Weisheit selbst jene rechte Mitte finden, die er auf dem Gebiet der Tugend und der Wissenschaft bereits gefunden hat.

Weit entfernt von jener blinden Leichtfertigkeit, die, ohne zu überlegen, alles verneint, was den engen Gesichtskreis der empirischen Begriffe übersteigt, soll er die Grenzen und Kräfte der Natur genau erkennen, und keinen Wunsch, kein Projekt, keine Entschlüsse fassen, die über den Rahmen seines Könnens hinausgehen.

30. Die Übel, die den Menschen zehren,
    Wirst du als Früchte eig'ner Wahl verstehn.

Sicher ist es von größter Wichtigkeit für den Menschen, die wahren Ursachen seiner Übel zu verstehn, und statt mit der Vorsehung zu hadern, in sich die Schuld des Unglücks zu suchen, dessen Urheber er selbst ist. Die Unwissenheit ist immer schwach und eitel, sucht über die eigenen Fehler hinwegzutäuschen und macht fernstehende Dinge für ihre Folgen verantwortlich, so wie das Kind der Mauer droht, an der es sich gestoßen. Dieser Irrtum ist von allen der am weitesten verbreitete. So schwer es fällt, sich die eigene Schuld einzugestehen, so leicht ist es, sie dem andern zuzuschreiben. Wir sahen bereits, wie die Skeptiker ihre stärksten Argumente gegen die Vorsehung aus dieser unglücklichen Gewohnheit, ihr die Übel aufzubürden, die die Menschheit bedrücken, gezogen haben. Sie haben mit diesen dann auch an den Grundlagen der Existenz der Gottheit gerüttelt. Solche Schuld haben alle Völker auf sich geladen[861]); die einzigen aber, die leidenschaftslos und kühl, nur um der Begründung gewisser Meinungen willen, ihre Unwissenheit in Bezug auf die Ursache der Übel in ein System gebracht haben, sind meines Erachtens die Menschen der neueren Zeit; aus der Allmacht und der Vorhersehung Gottes haben sie ein unwiderstehliches Verhängnis herleiten wollen, das den Menschen zu Laster und Unglück und Verdammung führt, und durch die Vorherbestimmung des göttlichen Willens ewigen Leiden ausliefert[362]). Es gab unter den Christen des fünften Jahrhunderts eine Sekte, die Prädestinatianer. Auf den Konzilien von Arles und Lyon wurden ihre Ansichten allerdings verdammt[363]), doch behaupteten sie, die Kirche gerate in Widerspruch mit sich selbst, denn ihre Auffassung entspreche derjenigen, die Augustin gegen die Pelagianer geltend gemacht habe; die Kirche müsse also, wenn sie diese Sekte verdamme, auch Augustin verdammen. Sie hatten hierin sicher recht; Gotescalcus, Baïus und Jansenius haben es später an der Hand des Buches des heiligen Augustin bewiesen, und mit dieser Frage zu verschiedenen Zeiten Streitigkeiten im Schoß der Kirche hervorgerufen.

Hier ist es am Platz, die Beweise für meine Behauptung zu erbringen, daß allein die theosophische Tradition, der alle Weisen der Erde zugestimmt haben, die Freiheit des Menschen aufrecht erhalten kann, und jede andere Lehre das Universum einem absoluten Geschick überantworten muß. Ich habe die Lehre aller auf die Kosmogonie aufgebauten Systeme genügend gekennzeichnet, wobei es sich gleich bleibt, ob ihre Begründer ein Prinzip oder zwei annehmen, den Geist oder die Materie; ich habe auch genügend auf die Gefahr hingewiesen, die in der öffentlichen Kundgebung von der göttlichen Einheit gelegen hätte, weil dies notwendig dazu geführt hätte, den Ursprung des Guten und Bösen zu erklären, und dieses nicht möglich ist; ich habe das Beispiel des Moses angeführt und als

maßgebenden Punkt in dieser Hinsicht gezeigt, wie
diejenigen, die sich von der mündlichen Tradition los-
sagten und nur den Buchstaben des Sepher gelten
ließen, dem Fatalismus verfielen und genötigt waren,
aus Gott den Urheber des Bösen zu machen. Ich habe
endlich gezeigt, wie das Christentum und der Islam,
die beide aus der mosaischen Lehre hervorgegangen
sind, das Dogma von der Prädestination nicht um-
gehen konnten. Es resultiert mit Notwendigkeit aus
derselben, wenn es auch oft von christlichen und
mohammedanischen Gelehrten aus Furcht vor den Konsequenzen angegriffen worden ist. Der Koran lehrt es
öffentlich, ich brauche daher für die mohammedanische
Auffassung keine weiteren Beweise zu erbringen; wie
aber haben sich die Christen zu dieser Frage gestellt?
Tatsache ist, daß einer der hervorragendsten Kirchenväter, Origenes, in der Voraussicht der Folgen, die
eine Erklärung des Ursprungs des Bösen im buchstäblichen Sinn der Übersetzung des Sepher nach sich
ziehen würde, den Versuch unternommen hat, alles
auf Allegorien zurückzuführen; auf diese Weise dachte
er das Christentum mit der theosophischen Tradition
von der Willensfreiheit in Einklang zu bringen[364]);
auf Geheiß des Papstes Gelasius jedoch wurden seine
Schriften, in denen er diese Tradition nach den Lehren
des Pythagoras und des Plato exponierte[365]), als häre-
tische verbrannt[366]). Die Kirche schenkte damals dem
Angriff des Origenes geringe Aufmerksamkeit. Die
Untersuchung der Hauptdogmen von der Inkarnation,
der göttlichen Natur Christi, der Einheit seiner Person
und Zweiheit der ihm innewohnenden Naturen, der
Konsubstantialität des Wortes beschäftigten sie vollauf.
Als aber die Brandfackel, wie Plucquet es ausdrückt,
über allen diesen Meinungsverschiedenheiten geleuch-

tet und Ströme von Blut ihre Asche hinweggespült hatten, mußte der Flamme aufs neue Nahrung zugeführt werden. Ein englischer Mönch von starkem und feurigem Geist, Pelagius[367]), warf zuerst die Frage von der Freiheit des Menschen auf. Er suchte sie in bejahendem Sinne zu lösen, was zur Leugnung der Erbsünde führte. Der Mensch, sagt er, ist frei, Gutes oder Böses zu tun. Derjenige ist ungerecht, der seine Laster durch die Schwachheit seiner Natur zu entschuldigen sucht, denn was ist die Sünde? Kann man sie vermeiden, oder nicht vermeiden? Kann man es nicht, so kann auch das Sündigen nicht schlecht sein, dann aber gibt es keine Sünde. Ist es möglich, sie zu vermeiden, so ist es schlecht; dann gibt es eine Sünde: Ihre Existenz entspringt aus dem freien Willen und beweist ihn[368]). Das Dogma von der Erbsünde ist absurd, fährt Pelagius fort, es tritt Gott zu nah. Denn ein Geschöpf, das noch nicht existiert, kann nicht Teilnehmer an einer schlechten Handlung sein. Die Behauptung, Gott betrachte ihn als an dieser Handlung mitschuldig und bestrafe ihn, ist eine Schmähung der göttlichen Gerechtigkeit[369]). Der Mensch, heißt es weiter, hat also die Macht, Gutes oder Böses zu tun, in dieser Hinsicht ist er frei. Aber die Freiheit, etwas Bestimmtes zu tun, setzt die Vereinigung aller Ursachen und Umstände, die das Tun dieses Dinges möglich machen, voraus; man ist nicht frei in Bezug auf eine Wirkung, wenn eine der Ursachen oder der notwendigen Bedingungen für diese Wirkung fehlen. Die volle Entwicklung des Sehvermögens allein genügt nicht, um die Dinge sehen zu können, es müssen auch diese Gegenstände selbst beleuchtet und in die rechte Entfernung gerückt sein[370]).

Bis zu diesem Punkt gleicht die Lehre des Pelagius

ganz derjenigen des Pythagoras, so wie Hierokles diese wiedergibt[371]). Dann aber weicht sie von ihr ab, denn der englische Mönch stellt nun die Behauptung auf, daß der Mensch, weil er mit der Freiheit, das Gute oder das Böse zu tun geboren ist, auch von der Natur mit allen für das Gute oder Böse notwendigen Bedingungen und Ursachen ausgestattet sei und diese in sich vereinige. Pelagius raubt dem Menschen damit sein schönstes Vorrecht, die Vervollkommnungsfähigkeit, während Pythagoras der Ansicht ist, daß diese Ursachen und Umstände nur denjenigen zuteil werden, die das ihre dazu tun, um sie zu erringen, und an ihrer Selbsterkenntnis arbeitend, dazu gelangen, sie in immer vollkommenerer Weise zu besitzen.

Die Lehre des Pelagius erweckte, trotzdem sie eine gemilderte ist, den Eindruck zu großer Eingeständnisse an die Macht des freien Willens; sie wurde von der Autorität der Kirche verdammt; durch die Stimme verschiedener Konzile gab diese die Erklärung ab, der Mensch vermöge nichts aus eigener Kraft und ohne die Hilfe der göttlichen Gnade. Der heilige Augustin, der die Seele dieser Konzile gewesen war, wurde von den Anhängern des Pelagius gedrängt, eine nähere Erklärung über das Wesen dieser Gnade abzugeben und zu sagen, warum Gott sie dem einen gewährt und dem andern versagt oder in geringerem Maß zuteil werden läßt, wenn die verschiedenen Grade ihrer Verdienste ihn nicht dazu bestimmen. Er beantwortete die Frage dahin: alle Menschen seien verloren, und Gott brauche keinen von ihnen; vollkommen unabhängig und allmächtig, schenke er seine Gnade, wem er wolle; derjenige, dem sie nicht geworden, habe nicht das Recht, sich zu beklagen; alles geschehe nur infolge seines Willens, der alles vorhergesehen und vorherbestimmt habe[372]). Nachdrücklicher kann die Notwendigkeit, mit der alles geschieht, nicht ausgedrückt, einem härteren Geschick die Menschheit nicht unterworfen werden. Das Fehlen der Gnade beraubt sie nicht nur in diesem kurzen Leben der Tugend, es liefert sie auch hoffnungslos den Qualen ewiger Verdammnis aus. Augustin gehorchte aber einer strengen und konsequenten Vernunft und wußte wohl, daß er nicht anders sprechen konnte, ohne auf das Dogma von der Erbsünde verzichten zu müssen und die Grundpfeiler der christlichen Religion niederzureißen. Wie Augustin, so haben auch alle strenggläubigen Christen gedacht, alle, die zu verschiedenen Zeitpunkten den Versuch gemacht haben, das Christentum auf seine Grundprinzipien zurück zu führen. Die Kirche schreckte vor den entsetzlichen Konsequenzen, die aus dem von ihr gesetzlich anerkannten Dogma gezogen wurden, zurück und suchte sie zu mildern, indem sie die Lehre von der Prädestination verurteilte und die gegen Gotescalcus gerichteten Verfolgungen gut hieß. Doch hat sie nicht verhindern können, daß zu derselben Zeit als Luther einen großen Teil der Christenheit durch seine Reformationsbestrebungen zu dem Dogma der Prädestination mit fortzog, der dem orthodoxen Glauben treu gebliebene Baïus dieselbe Lehre verkündete; daß Calvin bald darauf ein neues Licht auf die Fragen warf, die Luther unentschieden gelassen hatte, und daß endlich Jansenius, indem er ausbaute, was Baïus nur skizziert hatte, im Schoß der Kirche selbst seine nicht gering zu wertende Partei schuf. Die vereinten Kräfte des Papstes und der Jesuiten vermochten sie nicht von ihrem Irrtum in Bezug auf die Lehre Augustins zu überzeugen. Mit bewundernswerter Kraft haben sie an ihr festgehalten.

Calvin lehrt, die Seele des Menschen besitze nicht die Kraft, der Versuchung zum Bösen zu widerstehen, weil alle ihre Fähigkeiten von der Sünde infiziert sind. Die Freiheit, deren er sich rühme, sei eine Illusion; er verwechsle das Freie mit dem Eigenwillen und glaube frei zu wählen, weil er nicht gezwungen ist, und das Böse, das er tut, tun will[373]). Der Mensch ist also, nach seiner Lehre, von schlechten Leidenschaften beherrscht und kann nur schlechte Handlungen vollbringen. Um ihn aus diesem Zustand der Verderbtheit und Machtlosigkeit zu befreien, mußte Gott seinen Sohn auf die Erde herniedersenden, er mußte ihn erlösen und Genugtuung für ihn leisten. Aus diesem Mangel an Freiheit im Menschen zieht Calvin seine kräftigsten Beweise für das Kommen Christi: ,,Denn,'' sagt er, ,,wäre der Mensch frei gewesen, so hätte er sich selbst erlösen können, es wäre nicht nötig gewesen, des Opfers des Gottessohnes hätte es dann nicht bedurft[374]).''

Dieses Argument scheint unwiderleglich. Die Jesuiten haben gegen Calvin und seine Anhänger den Vorwurf erhoben, er mache Gott zum Urheber der Sünde und zerstöre damit überhaupt jede Gottesidee[375]). Sie haben sich aber gehütet zu sagen, auf welche andere Weise es hätte geschehen können. Sie konnten es auch nicht, denn sie hätten dann etwas tun müssen, was ihnen nicht möglich gewesen wäre, sie hätten die Erklärung von dem Ursprung des Bösen geben müssen. Die Schwierigkeit dieser Erklärung, die Moses, wie wir gesehen haben, mit tiefen Schleiern verhüllt hat, war den ersten Kirchenvätern voll bewußt. Sie wußten, daß die Lösung aller anderen Fragen von dieser abhängig ist. Wie aber sollte man danach zu forschen wagen? Auch die Weisesten und Klügsten glaubten

hier vor einer Abgrundtiefe zu stehen, in die keiner
zu dringen vermag[376]).

31. Und wie sie weit hinaus nach Gütern streben,
    Die tief in ihrer eig'nen Seele ruh'n.

Die Quelle aller Glücksgüter ist die Weisheit, und diese
beginnt mit der Selbsterkenntnis. Ohne die letztere
kann man zu keinen wahren Gütern gelangen. Auf
welche Weise soll man aber diese erreichen? Plato
wird Ihnen darauf antworten: Indem man in das
Wesen der Dinge eindringt, d. h. indem man untersucht, was das Wesen des Menschen ausmacht. — „Ein
Arbeiter ist nicht dasselbe wie das Werkzeug, dessen
er sich bedient, und derjenige, der die Leyer spielt,
nicht die Leyer selbst." Sie geben das selbstverständ-
lich zu. Plato fährt danach fort: „Und die Augen, mit
denen er die Noten liest, die Hände, mit denen er die
Leyer greift, sind sie nicht auch Werkzeuge? Und
wenn die Augen und die Hände Werkzeuge sind, ist
nicht der ganze Körper ebenso ein Werkzeug, etwas
von dem, der sich seiner bedient, Verschiedenes?"
Sicher, und Sie begreifen, daß das, was den Menschen
zum Menschen eigentlich macht, die Seele ist, und daß
Sie zu ihr hindurchzudringen haben, wollen Sie den
Menschen erkennen. „Denn," erklärt Plato weiterhin,
„wer nur seinen Körper kennt, kennt nur was ihm
angehört, nicht sich selbst. Seinen Körper zu kennen
als Arzt, als Künstler, ist eine Kunst; seine Seele zu
kennen als Weiser, ist eine Wissenschaft, sie ist die
größte aller Wissenschaften[377])."
Von der Selbsterkenntnis führt der Weg zur Erkennt-

nis Gottes. Mit diesem Vorbild aller Vollkommenheit vor Augen, gelangt der Mensch dazu, sich von den Übeln frei zu machen, die er sich durch eigene Wahl zugezogen hat[378]). Pythagoras lehrt, dieses Freiwerden hänge von der Tugend ab und von der Wahrheit[379]). Die durch die Läuterung erworbene Tugend mildert und dirigiert seine Leidenschaften. Die Wahrheit, zu der er durch die Vereinigung mit dem Höchsten gelangt, verteilt die Schatten, die seinen Geist verdunkeln. Beide wirken gleichzeitig in ihm und verleihen ihm die göttliche Gestalt nach dem Maß seiner Aufnahmefähigkeit, und führen ihn zur höchsten Glückseligkeit[380]). Wie schwierig aber ist es, dieses Ziel zu erreichen!

32. Nur wen'ge wissen glücklich sein: der Leiden-
    schaften Spielball,
    Von wilden Wogen hin und her getragen
    Auf uferlosem Meer, treiben sie blind dahin
    Und wissen nicht den Wettern standzuhalten.

Lysis bezeichnet in diesen Versen das größte Hinderniß, das dem Glück des Menschen im Wege steht. Es liegt in den Leidenschaften: nicht in den Leidenschaften als solchen, sondern in ihren ungeordneten Bewegungen, die der Verstand nicht zu regeln vermag. Dieses ist wohl zu beachten, man könnte sonst in den Irrtum der Stoiker verfallen. Pythagoras hat, wie schon bemerkt, seinen Schülern nicht befohlen, die Leidenschaften auszumerzen, sondern nur ihre Heftigkeit zu zügeln und sie zum Guten zu leiten. „Die Leidenschaften", sagt er, „sind uns zu Hilfen der Vernunft beigegeben, sie sollen ihre Dienerinnen sein, nicht aber über sie herrschen." Dem Bericht des Hierokles zufolge haben die Platoniker und Peripatetiker diese richtige Auffassung geteilt[381]). Pythagoras sah also die Leidenschaften als die Werkzeuge an, mit deren Hilfe der Verstand am intellektuellen Aufbau tätig ist. Ohne alle Leidenschaft ist der Mensch im Kampf des Lebens nur eine leblose, unbewegliche Masse; zu verderben braucht er deswegen nicht, er wird sich aber seines schönsten Vorzugs, der Vervollkommnungs- und Entwicklungsfähigkeit nicht erfreuen. Die Vernunft ist dem Verstand beigegeben, damit sie über die Leidenschaften herrsche, und zwar als alleinige Herrscherin, und sie dem Ziele zuwende, auf das die Weisheit hinweist. Mißversteht sie die vom Geiste vorgeschriebenen Gesetze und stellt statt der gegebenen eigene Prinzipien auf, so fällt sie der Maßlosigkeit anheim. Sie macht dann den Menschen abergläubisch oder skeptisch, fanatisch oder gottlos. Läßt sie sich von den Leidenschaften, die sie beherrschen sollte, Gesetze vorschreiben, so geht sie fehl, und macht ihn dumm oder wild, tierisch im Laster und verwegen im Verbrechen. Das rechte Urteil ist nur dasjenige, das von der Weisheit eingegeben ist; das falsche Urteil aber kann nur als Schrei der Seele betrachtet werden, die die Besinnung verloren hat und den ungeregelten Bewegungen einer anarchischen, von den Leidenschaften verblendeten Vernunft willenlos ausgeliefert ist[382]).

Nach der Ansicht des Pythagoras ist der Mensch ein Mittelding zwischen Geistigem und Sinnlichem, das letzte unter den höheren Wesen und das erste unter den niederen. Mit Hilfe der Leidenschaften vermag er sich frei nach aufwärts oder abwärts zu bewegen. Der Wille hat die Macht, die Richtung dieser Bewegung zu

bestimmen, die Leidenschaften lassen sie zur Tat werden. Vereinigt der Wille sich mit demUnsterblichen und kehrt er zur Tugend zurück, so erhebt er sich zu seiner ursprünglichen Bestimmung. Versenkt er sich dagegen in das Sterbliche und übertritt er die göttlichen Gebote, geht er seiner Würde verlustig[383]). Alle Weisen vor und nach Pythagoras, und selbst alle christlichen Theosophen, deren religiöse Vorurteile sie von seiner Lehre fern hielten, haben in diesem Punkt die Ansicht des Pythagoras geteilt. Beweise dafür anzuführen, in wie ferne Zeiten diese Auffassung zurückreicht, ist überflüssig, sie sind ja überall anzutreffen. Thomas Burnett hat umsonst ihrem Ursprung nachgeforscht und ist dann zu dem Schluß gelangt, daß es sich nur um eine himmlische Offenbarung handeln könne[384]). Es ist merkwürdig, wie klar Jacob Boehme, dem jede wissenschaftliche Bildung fehlte, der diese Auffassung daher von niemand entlehnt haben kann, denselben Gedanken ausdrückt. Er sagt: ,,Von dem ersten Auftreten des Menschen an hat man sich sagen müssen: hier ist die ganze Ewigkeit im Bild in Erscheinung getreten[385].'' ,,Der Wohnsitz dieses Wesens ist zwischen Himmel und Hölle, Liebe und Zorn: alles, woran er sich hängt, nimmt seine Natur an......'' ,,Neigt er sich der himmlischen Natur zu, so nimmt er himmlische Gestalt an, und wenn er sich der Hölle zuneigt, wird die menschliche Gestalt eine höllische, denn wie der Geist, so der Körper. Je nach der Willensrichtung, in welcher sich der Geist bewegt, gibt er dem Körper Form und Quelle[386].''
Auf dieses Prinzip, das man, verschieden ausgedrückt, überall antrifft, gründet sich die Lehre von der Seelenwanderung. Was aber heute unter dem Namen Metempsychose verstanden wird, ist eine derartige Entstel-

lung der Lehre, die den antiken Mysterien zu Grunde lag[387]) und von allen Völkern geglaubt wurde[388]), daß es die Grenzen dieser Erläuterungen weit überschreiten würde, wollte ich eine einigermaßen verständliche Erklärung darüber hier abgeben. Wenn ich später einmal die Gelegenheit haben werde, die Theurgie und die mit ihr zusammenhängenden okkulten Wissenschaften näher zu erörtern, werde ich auch auf diesen Punkt näher eingehen.

33. Die Augen tue ihnen auf, o Gott, und rette sie!

Lysis tritt hier freimütig an eines der schwierigsten Probleme heran; die Skeptiker und Atheisten aller Zeiten haben stets gemeint, sie könnten aus ihm ihre schärfsten Waffen schmieden. Hierokles sucht diese Schwierigkeiten in seinem Kommentar auch nicht zu verschleiern, er bespricht sie folgendermaßen. „Wenn es in Gottes Macht liegt, alle Menschen zum Guten zurück zu führen und sie glücklich zu machen, und er es doch nicht tun will, ist er dann ungerecht und schlecht? Oder ist er nur schwach und machtlos, wenn er es wollte, aber nicht könnte?[389]) Lange vor Hierokles hatte Epikur sich bereits dieses Arguments bemächtigt und es zur Grundlage seines Systems benutzt. Er hat es sogar weiter entwickelt, ihm aber dadurch keine größere Kraft verleihen können. Er wollte hiermit den Beweis erbringen, daß Gott sich nicht um die irdischen Dinge kümmert, und es daher auch keine Vorsehung geben könne[390]). Lactantius hat uns diese Argumente überliefert, indem er sie zu widerlegen sucht und dadurch Bayle, dem klügsten und gefährlichsten der modernen Skeptiker, die Gelegenheit geboten, zu beweisen, daß das Argument, trotz aller dagegen ausgeführten Angriffe, noch zu Recht besteht. Bayle folgert folgendermaßen: „Das Böse existiert; der Mensch ist schlecht und unglücklich; diese traurige Tatsache steht fest. Die ganze Geschichte ist nur ein Bericht von Verbrechen und Unglück. Trotzdem blitzen in diesem Dunkel einzelne Beispiele auf von Tugendhaftigkeit und Glück. Es ist also ein Gemisch von moralischen Übeln und Gütern zu konstatieren.... Wenn aber ein einziges, vollkommen gutes, allmächtiges Prinzip der Schöpfer des Menschengeschlechts gewesen ist, wie kann es dann zugehen, daß der Mensch Krankheiten, Frost und Hitze, Hunger und Durst, Schmerz und Kummer ausgesetzt ist? Warum ist er mit schlechten Neigungen behaftet? Warum verübt er so viele Verbrechen? Kann vollkommene Heiligkeit ein verbrecherisch veranlagtes Geschöpf erschaffen, und vollkommene Güte ein unglückliches Wesen?[301]) Bayle ist von dieser Deklamation gegen die Vorsehung durchaus befriedigt und meint, über alle Dogmatiker der Welt den Sieg davongetragen zu haben; halten Sie bitte den einen Punkt fest, er hat ein Gemisch von Gutem und Bösem zugegeben.

Er fährt dann fort: „Origenes behauptet, das Böse sei durch den Mißbrauch der Willensfreiheit entstanden. Warum hat aber Gott den Menschen mit einem so gefährlichen freien Willen begabt? Origenes antwortet: weil ein intelligentes Wesen ohne freien Willen ebenso unsterblich und unerschütterlich gewesen wäre wie Gott selbst. Eine traurige Schlußfolgerung! Sind die Seligen und Heiligen Gott gleich, weil sie das Gute

erwählt haben, fehlt es ihnen an dem, was wir Willensfreiheit nennen? Nach Augustin besteht diese nur in
der Möglichkeit, dem Bösen nachzugeben, wenn die
göttliche Gnade das Herz des Menschen nicht zum
Guten neigt[392])."
Bayle gibt zum Schluß zu, daß es unerklärlich und
unbegreiflich ist, wie das Böse sich hat Eingang
schaffen können in das Reich eines unendlich guten,
allmächtigen Wesens. Darin hat er recht. Ich habe es
auch immer wieder betont, daß der Ursprung des
Bösen, sei er nun verständlich oder nicht verständlich,
der öffentlichen Kenntnis nie preisgegeben werden
konnte. Hier handelt es sich aber nicht um den Ursprung des Bösen. Der scharfsinnige Bayle muß sich
auch klar darüber gewesen sein, daß sowohl das Argument Epikurs, wie seine eigenen klingenden Worte
nicht auf die Ursache des Bösen, sondern auf seine
Wirkungen hinzielen, und das ist ein großer Unterschied. Epikur hat nicht gewollt, daß man ihm den
Ursprung des Bösen erkläre, sondern nur seine lokalen
Wirkungen. Man sollte ihm gerade heraus sagen,
warum Gott, wenn er das Böse aus der Welt verbannen
oder es verhindern könne und wolle, es nicht tut.
Wenn ein Haus in Flammen steht, wäre es ja sinnlos,
Fragen über das Wesen des Feuers aufzustellen und
warum es überhaupt brennt, man würde bloß fragen,
warum es im vorliegenden Fall brennt, und warum es
nicht gelöscht worden sei. Das muß auch Bayle ganz
klar gewesen sein. Diese einfache Unterscheidung
kann einem so logisch Denkenden nicht entgangen
sein. Er begriff wohl, daß gerade die Einfachheit den
christlichen Gelehrten die Wahrheit verborgen hatte,
und verschleierte sie ebenfalls gern vor seinen Gegnern
um des Vergnügens willen, einen nach dem andern an

dem Argument Epikurs scheitern zu sehen. ,,Entweder", so rief er ihnen zu, ,,will Gott das Übel entfernen und kann es nicht, oder er will und kann es. Will er es, kann es jedoch nicht, so ist er schwach, und das ist ihm nicht angemessen; kann er es aber, und will es nicht, so ist er böse; und das steht ihm auch nicht an. Kann und will er es nicht, so ist er böse und schwach, und das ist ausgeschlossen. Wenn er es aber kann und will, und das allein wäre seiner Göttlichkeit würdig, woher rühren dann die Übel? Und warum entfernt er sie nicht?[393]"

Lactantius hatte diesem Einwand durch die Behauptung zu begegnen geglaubt, Gott könne, wolle aber nicht das Übel forttun, um den Menschen durch dieses Mittel zur Weisheit und Tugend zu erziehen[394]). Daß diese Antwort nichts tauge und widersinnig sei, fiel Bayle aber nicht schwer zu behaupten. Es wäre Gott sicher möglich gewesen, meinte er, dem Menschen auf andere Weise als durch das Schlechte Weisheit und Tugend zu verleihen; er hätte sie ihm ja bereits verliehen, nach der Ansicht des Lactantius, denn gerade durch seinen freiwilligen Verzicht auf sie sei er unter die Gewalt des Schlechten gefallen. Nicht glücklicher wie Lactantius erging es dem heiligen Basilius. Er hatte die Behauptung aufgestellt, die Willensfreiheit, aus welcher das Böse resultiert, sei von dem allmächtigen Gott seinen Geschöpfen verliehen worden, damit sie ihn aus eigener, freier Wahl lieben und ihm dienen. Bayle greift ihn auf dem Boden seines Glaubens an, indem er die Frage stellt: Geschieht es im Paradiese aus Zwang, daß die Seligen, die das gefährliche Vorrecht, sündigen zu können, nicht besitzen, Gott lieben und ihm dienen?[395]) Bayle schlug damit gleichzeitig Malebranche, der dasselbe wie Basilius

behauptet hatte[396]). Der Malebranche beigefügte
Schlag und der Wunsch, ihn zu rächen, rief andere
kühne Metaphysiker in die Arena. Es gelang aber
Bayle, sie mit den Waffen Epikurs zu besiegen und
sie zu der unsinnigen Behauptung zu verleiten, Gott
habe sich, als er die Welt erschuf, vielleicht ein ganz
anderes Ziel gesetzt als die Glückseligkeit seiner
Geschöpfe[397]).

Der Sturm, den die Schriften Bayles entfesselt hatten,
legte sich noch nicht mit seinem Tode. Leibniz, den
das bisher Vorgebrachte nicht befriedigt hatte, glaubte
dem skeptischen Philosophen besser entgegentreten zu
können. Mit genialer Kraft schwingt er sich zu dem
Augenblick empor, in welchem Gott den Plan zur
Erschaffung der Welt faßte, und stellt das höchste
Wesen dar, wie es aus einer unendlichen Menge mög-
licher und seinem Geist gegenwärtiger Welten die
jetzige Welt erwählt als die ihm am besten entsprechende, seiner würdigste, die beste mit einem
Wort, die sich am meisten eigne, das größte und herrlichste der Ziele zu erreichen, das dieses vollkommene
Wesen sich vorzusetzen vermochte[398]). Welches ist
aber dieses herrlichste Ziel, das die Gottheit als ihrer
würdigstes erwählt hat, dem nicht nur die Welt, so
wie sie in Wirklichkeit ist, entspricht, sondern wie
sie sich auch dem Geist Leibniz als beste aller Welten
darstellt? Leibniz weiß es nicht. „Wir können es nicht
ergründen," sagt er, „unsere Fähigkeiten sind zu
beschränkt; wir können nur auf der Grundlage des
uns von Gott geschenkten Lichtes annehmen, daß
seine Güte, als er die größtmöglichste Zahl intelligenter
Geschöpfe erschuf, den Vorsatz gehabt haben muß,
ihnen soviel Glück, Schönheit und Erkenntnis beizu-
geben, als das Universum hervorzubringen vermag,

ohne aus der unabänderlichen Ordnung herauszutreten, die seine Weisheit ihm gesetzt hat[399]).''
Bis zu diesem Punkt ist Leibniz' System gut gestützt
und könnte sogar zu einer relativen Wahrheit führen.
Seine Aufgabe ist aber noch nicht völlig gelöst. Es
mußte auf die von Bayle wieder hervorgeholte Frage
Epikurs geantwortet werden: warum in dieser, von
der göttlichen Weisheit auf das beste geordneten und
besten aller Welten das physische und moralische
Übel ihre Wirkungen so drückend geltend machen.
Statt nun bei den Wirkungen stehen zu bleiben und
die Erklärung der ursprünglichen Ursache abzulehnen,
begeht der deutsche Philosoph den von allen Gegnern
Bayles gemachten Fehler. Er behauptet, das physische
und das moralische Übel seien zur Aufrechterhaltung
der feststehenden Ordnung notwendig, sie gehörten in
den Plan Gottes von dieser besten aller Welten. Diese
Behauptung führt zum Zusammenbruch seines ganzen
Systems. Es liegt ein zu ungeheurer Widersinn darin.
Wie sollte das Schlechte für das Beste, das denkbar
Beste, notwendig, durchaus notwendig sein?
Welches nun die letzte Ursache des Bösen auch sein
mag, — ehe der dreifache Schleier, den Moses über
dieses tiefe Geheimnis gebreitet hat, nicht gelüftet ist,
kann und will ich meine Ansicht darüber nicht aussprechen. Der Lehre des Pythagoras und des Plato
zufolge kann ich hier nur sagen, daß seine Wirkungen
weder notwendige, noch unwiderstehliche sind, und
ich beantworte das berühmte Argument des Epikur
dahin: Gott kann und will sie fortnehmen, und er tut
es, denn sie sind nicht notwendig und nicht unwiderstehlich.
Sollten aber die Schüler Bayles sich über diese Antwort wundern und mich fragen, wann und wie Gott

diese große Wohltat bewirkt haben soll, die sie nicht wahrzunehmen vermöchten, so wäre meine Antwort diese: er tut es mit der Zeit und mit Hilfe der Vervollkommnungsfähigkeit. Die Zeit ist das Werkzeug der Vorsehung, die Natur das Objekt ihres Wirkens, und das Gute ihr Resultat. Bayle selbst gibt das Vorhandensein eines Gemisches von Gutem und Bösem zu. Ich verweise auf das, was ich im fünfundzwanzigsten Kapitel gesagt habe und behaupte, daß alle Güter von der Vorsehung herstammen, ihr Werk sind. Sie bringen an dem Platz, an den die Vorsehung sie gestellt hat, eine den Übeln, die sie in Güter verwandeln, äquivalente Summe von Gutem hervor. Das Gute nimmt nämlich in demselben Maße zu, in dem die entsprechenden Übel abnehmen. Wenn Sie, von dem absolut Schlechten ausgegangen, zu dem von Ihnen jetzt eingenommenen Standpunkt gelangt sind, so müssen Sie, auf demselben Wege fortschreitend, und mit denselben Mitteln, nämlich mit der Zeit und vermittels der Vervollkommnungsfähigkeit, schließlich zum absolut Guten gelangen, zum Gipfel der Vollkommenheit. Dies ist meine Antwort auf Ihre Frage, wann und wie Gott das Übel aus der Welt schafft. Halten Sie mir aber entgegen, Sie vermöchten von allem diesem nichts wahrzunehmen, so antworte ich, daß die Schwäche Ihres Sehvermögens nicht genügende Beweiskraft besitzt, um die Wirkung der Vorsehung abzuleugnen. Ihre Sinne sind nicht vollkommen und fortwährend Irrtümern ausgesetzt. Die Extreme berühren sich für dieselben in so hohem Maße, daß Sie auf demselben Zifferblatt nicht unterscheiden können zwischen der Bewegung des Zeigers, die er in einem Jahrhundert durchläuft, von derjenigen, die er in einer Sekunde tut; in dem einen Fall scheint Ihnen der Zeiger still zu stehen, der andere existiert nicht für sie[400]).

Leugnen Sie meine Behauptung ab, so müssen Sie andere Beweise vorbringen als diejenigen Ihres Unvermögens. Sie können von dem kleinen Winkel aus, in den die Vorsehung Sie gestellt hat, die Unendlichkeit nicht beurteilen wollen. Fehlt es Ihnen an negativen Beweisen, so bin ich bereit, Ihnen positive zu liefern. Und wenn Sie, wieder auf das umgestoßene Argument des Epikurs zurückgreifend, mir sagen, er habe die Frage nicht gestellt, wie Gott, wenn er es wollte und könnte, das Übel beseitige, sondern warum er es nicht beseitigt, so antworte ich, daß diese Unterscheidung eine rein sophistische ist, daß das Wie in dem Warum mit enthalten ist, und daß ich hierauf bereits geantwortet habe mit der Behauptung, Gott könne und wolle das Übel entfernen und tue es. Holen Sie dann einen von mir bereits umgestoßenen Einwurf hervor über die Art, wie er es fortschafft, und meinen Sie, er müsse es nicht in einer Zeit von so langer Dauer, daß diese Sie nicht mehr berühren kann, tun, sondern in einem Augenblick, so werde ich darauf erwidern, daß für Sie diese Art ebensowenig wahrnehmbar wäre wie jene, und daß, was Sie verlangen, auch der Fall ist; denn für das höchste Wesen ist die Zeit, die Ihnen so lang erscheint, ein bloßer Augenblick nach dem Maßstab der Ewigkeit. Und bei dieser Gelegenheit möchte ich gleichzeitig hinzufügen, daß das Böse, wie es sich in der Welt darstellt, eine Art Krankheit ist, die Gott allein heilen kann; er allein besitzt das einzige Mittel dagegen. Dieses einzige Mittel aber ist die Zeit. Ich könnte es verstehen, wenn Sie sich versucht fühlen sollten, von dem Mittel gegen die Krankheit auf das Wesen der Krankheit überzugehen; aber ich würde

Ihnen hierauf nicht antworten. Mit der Widerlegung des Epikurschen Arguments hat dies nichts zu schaffen, und ich habe nur dieses beabsichtigt. Das weitere steht bei Ihnen, ich aber kann nur wiederholen, was Lysis ausgesprochen hat: „Die Augen tue ihnen auf, o Gott, und rette sie . . . . .“

34. Nein! — göttlichen Ursprungs ist der Menschen
  Geschlecht.
  Ihm ist gegeben
  Den Irrtum zu seh'n, die Wahrheit zu schau'n.

Die Schwierigkeiten, die in diesen Versen liegen, hat Hierokles, wie schon bemerkt, nicht zu verdecken gesucht. Er hat sie aber durch den Hinweis aufgehoben, daß es von dem freien Willen des Menschen abhängt, den Übeln, die er sich durch eigene Wahl zugezogen, ein Ende zu setzen. Sein Gedankengang ist, kurz gefaßt, folgender. Es gibt nur ein Heilmittel gegen das Übel, welche Ursache dem letzteren auch zu Grunde liegen mag: die Zeit. Die Vorsehung, der die Leitung von dem Höchsten anvertraut ist, bedient sich dieses Mittels, und führt durch die Vervollkommnungsfähigkeit alles zum Guten zurück. Die Aufnahmefähigkeit des Kranken ist aber maßgebend für die Wirkung des Mittels. Für die Gottheit ist die Zeit stets die gleiche, für sie gibt es keine Zeit. Für den Menschen jedoch verkürzt bzw. verlängert sich ihre Dauer, je nachdem sein Wille mit dem Wirken der Vorsehung übereinstimmt oder von ihm abweicht. Wenn er nur das Gute will, so wird die Zeit, die ihm lang und ermüdend dünkt, sich verkürzen. Wie aber? Würde die Zeit, wenn er stets nur das Böse wollte, nie enden, die Übel niemals aufhören? Ist der menschliche Wille so unbeugsam, daß Gott ihn nicht zum Guten zu lenken vermöchte? Gewiß, der menschliche Wille ist frei, sein innerstes Wesen ist ebenso unerschütterlich wie die Gottheit, aus der es entsprungen ist, er ist unveränderlich. Bei Gott aber ist kein Ding unmöglich. Die Umwandlung, die im Willen vor sich geht, und seine Unveränderlichkeit doch nicht aufhebt, ist das Wunder, das die Allmacht bewirkt. Es ist eine Folge seiner eigenen Freiheit und findet durch das von der Vorsehung angeregte Zusammenfallen zweier bewegender Momente statt: die Vorsehung zeigt ihm das Gute und versetzt ihn gleichzeitig in den Zustand, sie sehen zu können.

35. Es dient ihm die Natur....

Lysis will damit sagen, daß die Natur durch die ihr zu Grunde liegende Wesensgleichheit die Menschen lehrt, über die Grenzen ihrer Sinne hinauszublicken und ihre Ideen zu entwickeln, indem sie sich durch Analogien aus einer Region in die andere versetzen. Die Vervollkommnungsfähigkeit, die mit Hilfe der Zeit in die Erscheinung tritt, führt die Vervollkommnung herbei, denn je vollkommener etwas ist, um so vollkommener noch muß es werden. Jeder, der sie erblickt, wird von ihr beeindruckt und wird die Wahrheit erfassen, von der ich offen gesprochen habe und auf welche Lysis nur anspielt, denn er hatte das Geheimnis zu wahren, womit die Mysterien es zu verhüllen gesucht hatten. Auf dieser Vervollkommnungsfähigkeit beruhen die von mir angedeuteten affirmativen Beweise hinsichtlich der Art, in welcher die Vorsehung mit der Zeit jene Übel beseitigt, die die Menschheit bedrücken. Es sind Tatsachenbeweise. Man kann sie nicht verwerfen, ohne in Ungereimtheiten zu verfallen. Es gibt gewiß solche, die die Natur in ihrer Stube studiert haben, ihr Wirken nur durch das so enge Prisma der eigenen Ideen betrachten, und zu dem Schluß gelangt sind, daß nichts vervollkommnungsfähig ist und daß das Universum still steht, weil sie seine Bewegung nicht wahrnehmen können; aber keiner der ernsthaften Beobachter, kein Naturforscher, dessen Wissen auf der Natur selbst begründet ist, hat diese Ansicht geteilt und diese Vervollkommnungsfähigkeit nicht zu den klar bewiesenen Wahrheiten gerechnet.

Ich will mich nicht auf die Alten berufen, denn ihre Autorität in diesem Punkt wäre nicht stichhaltig. Ich will nur einige bezeichnende Aussprüche moderner Gelehrten dafür anführen. Leibniz, der die Vervollkommnungsfähigkeiten, seinem System zufolge, das sich auf die Existenz der besten der Welten gründet, eigentlich nicht hätte anerkennen können, gibt sie trotzdem in der Natur zu. Er sagt nämlich, alle Veränderungen, die stattfinden, gehen aus einander hervor. Alles zielt auf Vervollkommnung hin, und die Gegenwart trägt die Zukunft in ihrem Schoß[401]. Ebenso hätte Buffon eine entgegengesetzte Ansicht vertreten müssen, denn er neigt stark zum atomistischen System. Aber auch er hat nicht umhin gekonnt zu erkennen, daß die Natur im allgemeinen mehr auf das Leben hinzielt als auf den Tod, und sich zu bestreben scheint, den Körper mit möglichst vielen Organen auszustatten[402]). Die Schule Kants hat die Perfektibilitätslehre auf das weiteste entwickelt. Der konsequenteste Schüler Kants, Schelling, hat den Gedanken von der Entwicklung der Natur mit solcher Energie verfolgt, daß er vielleicht über das Ziel hinausgeschossen ist. Er war der erste, der die Behauptung gewagt hat, die Natur sei eine Gottheit im Keim, der zur Vergöttlichung hinstrebe, und sich durch die Herrschaft des Chaos und diejenige der Vorsehung zu diesem göttlichen Dasein durchringe[403]). Doch dies sind nur spekulative Meinungen, wenden wir uns denen zu, die sich auf Tatsachen gründen.

Die Naturforscher sagen uns folgendes: „Bei der Betrachtung der Erde begegnen wir überall den Spuren der gewaltsamen Umwälzungen, denen sie in früheren Zeiten ausgesetzt gewesen ist[404]." „Die Kontinente waren anders als sie heute sind, die Verteilung des Wassers auf der Erde nicht die gleiche. Das Weltmeer hat sein Bett verändert und verändert es auch heute noch; es unterspült das Festland, zerreißt es, überflutet es, legt es an anderen Stellen trocken. Die Inseln sind nicht immer Inseln gewesen. Vor der jetzigen Verteilung der Gewässer sind die Weltteile von Pflanzen und Lebewesen bewohnt gewesen[405]." Diese Beobachtungen bestätigen, was Pythagoras und die Weisen des Altertums gelehrt haben[406]). „Die Mehrzahl der fossilen Knochen, die man gefunden und verglichen hat," fahren die Naturforscher fort, „gehören Tieren an, die von den heute lebenden vollständig verschieden sind. Hat sich das Reich des Lebens verändert? Man sollte es glauben[407]." „Da die Natur stets vom Einfachen zum Zusammengesetzten fortschreitet, so ist es wahrscheinlich, daß die weniger vollkommenen Tierarten vor den entwickelteren und höher stehenden

Arten geschaffen worden sind. Es hat auch den Anschein, daß jede Tierklasse auf ein Aussetzen der
schöpferischen Kraft hindeutet, auf eine Unter-
brechung, eine Epoche der Ruhe, während welcher die
Natur im stillen die Lebenskeime entwickelte, die in
späteren Jahrhunderten zur Entfaltung kommen sollten. Man könnte danach die Epochen in der Entwicklung der belebten Natur festsetzen, Epochen, die in
das Dunkel der Vorzeit zurückreichen und der Bildung
des Menschengeschlechts vorangegangen sein müssen.
Es kann eine Zeit gegeben haben, in der über dem
Insekt, dem Muscheltier, dem unförmlichen Reptil
kein höher stehendes Wesen herrschte, in der sie an
der Spitze der Lebewesen standen[408]." „Es steht fest,
daß die vollkommensten Geschöpfe sich aus minder
vollkommenen entwickelt und sich im Lauf der Gene-
rationen vervollkommnet haben. Die Tiere streben
auf den Menschen zu, die Pflanzen auf das Tierreich,
die Mineralien suchen die Annäherung an das Pflanzen-
reich. Es ist klar, die Natur hat, nachdem sie eine
Reihe von Pflanzen und Tieren geschaffen und im
Menschen den äußersten Höhepunkt ihrer Schöpfung
erreicht hatte, alle die Hauptfähigkeiten, die sie unter
den niederen Arten verteilt hat, in ihm zur Vereinigung gebracht[409]."
Diese Ideen hat auch Leibniz gehabt. Er sagt: „Es
bestehen Zusammenhänge zwischen den Menschen und
Tieren; zwischen diesen und den Pflanzen; zwischen
Pflanzen und Fossilien. Eine einzige Kette muß sich
durch alle Reiche der Natur ziehen, alle ihre Klassen
müssen so eng miteinander zusammenhängen, als
wären sie nur die Glieder dieser Kette[410]." Auch andere Philosophen teilten diese Ansicht; doch hat sie
keiner klarer und kräftiger dargelegt wie der Autor

des Artikels „Nature" im Nouveau Dictionnaire d'Histoire naturelle. „Alle Tiere," sagt er, „alle Pflanzen sind nur Modifikationen eines Urtieres, einer Urpflanze. . . . Der Mensch ist der Knoten, der die Gottheit mit der Materie verbindet und den Himmel an die Erde schließt. Der Weisheits- und Geistesstrahl, der in seinen Gedanken leuchtet, wird von der ganzen Natur reflektiert. Er ist die Kette, die alle Wesen verbindet." „Die ganze Reihe der Tiergattungen", sagt er an einer anderen Stelle, „zeigt nur eine lange Kette der Degradation des menschlichen Wesens. Sowohl in seinen äußeren Formen wie in seinem inneren Organismus erweckt der Affe den Eindruck eines degradierten Menschen. Die gleiche Schattierung von einem Niedergehen begegnet uns, wenn wir uns vom Affen den Vierfüßlern zuwenden; es ist das gleiche Bild der ursprünglichen Organisation bei allen Lebewesen; die Hauptadern, die Hauptglieder sind immer die gleichen[412])."

„Wer sagt uns," ruft derselbe Schriftsteller an einer anderen Stelle aus, „ob nicht in unabsehbarer Zeit das Szepter der Welt aus den Händen des Menschen in diejenigen eines vollkommeneren Wesens übergehen könnte, das desselben würdiger sein wird? Ist die Negerrasse, die heute auf einer tieferen Stufe des Menschengeschlechts steht, vielleicht einmal die herrschende gewesen, ehe die weiße Rasse geschaffen war? Und wird letztere nicht auch zu ihrer Zeit sich vor einer mächtigeren und intelligenteren Rasse beugen müssen, wenn es im Plan der Natur liegen sollte, solch eine Rasse hervorzubringen? Wo hört die Schöpfung auf? Wer wird ihrer Macht die Grenzen setzen? Sie ist nur von Gott abhängig, seine mächtige Hand ist es, die sie regiert[413])."

Diese packenden Stellen, die kraftvolle und scheinbar neue Gedanken enthalten, sind der Beachtung wert. Sie sind aber nur Bruchteile dessen, was in den Mysterien der antiken Welt gelehrt wurde. Ich hoffe, das später einmal zeigen zu können.

36. ... Und du, der sie erkannt hast,
  Weiser, Glücklicher, du, ruhe geborgen im Hafen.
  Doch merke auf mein Gebot, und halte dich fern
      von den Dingen,
  Die deiner Seele schaden, erkenne sie recht.
  Den Körper regiere der Geist. ...

Lysis wendet sich nun an den Schüler des Pythagoras, der den höchsten Grad der Vervollkommnung erreicht hat, die Stufe der sogenannten Autopsie, und beglückwünscht ihn zu diesem Erfolge. Ich habe bereits die Bedeutung dieses Grades erklärt und brauche darauf nicht wieder zurück zu kommen, auch nicht die Symbolik der pythagoräischen Lehre von neuem zu erörtern, die Formeln, diätetischen Vorschriften und die von Pythagoras gebotene Enthaltsamkeit, denn ich beabsichtige, an anderer Stelle eine eingehende Erklärung über diese Dinge abzugeben. Es ist bekannt, daß alle hervorragenden Männer des Altertums und der Neuzeit, alle bedeutenden Gelehrten darin übereinstimmen, daß die Vorschriften des Pythagoras als symbolische zu betrachten sind, d. h. als solche, hinter deren äußerem Wortlaut ein tieferer Sinn verborgen liegt[414]). Bei den ägyptischen Priestern herrschte die Sitte, ihre Lehren unter Gleichnissen und Allegorien zu verbergen, Pythagoras ist ihrem Beispiel darin gefolgt[415]). Sie betrachteten die Welt als ein großes Rätsel, sie drückten ihre Geheimnisse in Rätselsprüchen aus und gestatteten ihre öffentliche Kundgebung nicht[416]). Die Priester drückten ihre Ideen auf dreierlei Weise und durch drei verschiedene Arten von Schriftzeichen aus. Die erste Art der Ausdrucksweise und der Schriftzeichen war klar und einfach, die zweite bildlich, und die dritte symbolisch. Für die erste Art bedienten sie sich der allgemein gebräuchlichen Zeichen und benutzten die Worte in ihrem gewöhnlichen Sinn; für die zweite gebrauchten sie die Hieroglyphen und wendeten die Worte in verdecktem und metaphorischem Sinne an; für die dritte machten sie Gebrauch von Sätzen, die einen Doppelsinn enthielten, von historischen und astronomischen Fabeln und einfachen Allegorien[417]). Die höchste sacerdotale Kunst bestand darin, diese drei Arten in einer zu vereinigen und gleichzeitig unter einem anscheinend einfachen und klaren Stil den vulgären, bildlichen und symbolischen Sinn auszudrücken. Auch Pythagoras hat diese Kunst der doppelsinnigen Ausdrucksweise in seinen Vorschriften angestrebt und hat sie oft erreicht. Von allen in Theben oder Memphis ausgebildeten Theosophen ist aber Moses derjenige, der diese wunderbare Kunst zu ihrer höchsten Vollendung entwickelt hat. Der erste Abschnitt seines Sepher, die Genesis, ursprünglich Bereschith genannt, ist das hervorragendste Werk dieser Art, die höchste Kraftleistung, die je ein Mensch sich gesetzt und ausgeführt hat. Dieses Buch enthält die Gesamtsumme des Wissens der alten Ägypter; doch gibt es noch keine rechte Übersetzung desselben; eine solche wird erst möglich werden, wenn die Sprache, in der es ursprünglich geschrieben, uns bekannt sein wird.

180

37. Aufwärts im leuchtenden Äther entfalte der Seele
    die Schwingen,
    Um unter unsterblichen Göttern Gott selber zu sein.

Hier, so beendet Hierokles seinen Kommentar, liegt
das beglückende Ziel alles Strebens; hier liegt, so geht
aus den Schriften Platos hervor, die Hoffnung, die das
heilige Feuer im Herzen dessen entfacht und erhält,
der um die Tugend ringt: es ist der hohe Preis, der
ihm zuteil wird[418]). Es ist das große Ziel der Mysterien,
der Stein der Weisen, der Initiation[419]). Der Initiierte,
so lehrt Sokrates, ist nicht nur während des irdischen
Lebens glücklich, er hofft auch auf eine ewige Glückseligkeit nach dem Tode[420]). Durch die Tugend geläu-
tert, schwingt sich seine Seele empor bis in die Regionen des Glücks, in denen ewiger Frühling herrscht,
sagt Pindar[421]). Angezogen von dem himmlischen Ele-
ment, dem ihre Seele nah verwandt ist, wird sie sich
mit den unsterblichen Göttern vereinigen und teilnehmen an ihrem Ruhm und ihrer Unsterblichkeit[422])
sagt Sokrates. Dieses Göttlichwerden wird nach Pythagoras' Lehre durch die göttliche Liebe gewirkt, die
demjenigen vorbehalten ist, der durch seine geistigen
Fähigkeiten die Wahrheit, durch seine seelischen die
Tugend und durch seine instinktiven die Reinheit erlangt hat. Wenn die irdische Hülle von ihm gefallen
ist, leuchtet die Seele und nimmt die Form des Licht-
körpers an, welche sie sich erbaut hat, während sie an
den dunklen irdischen Körper gefesselt gewesen war.
Denn hier, am Schluß dieser Erläuterungen, bietet sich
mir zum erstenmal die Gelegenheit, es auszusprechen:
Pythagoras lehrte, daß die Seele einen Körper besitzt,
der, ihrer guten oder schlechten Natur entsprechend,

von ihren Fähigkeiten ausgearbeitet wird im inwendigen Menschen. Diesen Körper nennt er den feinen Wagen der Seele, der sterbliche Körper sei nur seine grobe Umhüllung. Unsere Aufgabe ist es, sagt er, die Seele und ihren Lichtkörper zu pflegen und für sie Sorge zu tragen, indem wir die Tugend üben, die Wahrheit ergreifen und uns von allem Unreinen fernhalten[423]). Dieses ist der wahre Zweck der symbolischen Enthaltsamkeit, die es vorschreibt. Lysis deutet in den vorhergehenden Versen deutlich darauf hin: vor den Dingen, die der Seele schaden können, solle man sich hüten und sie zu erkennen suchen.

Pythagoras war auch der Ansicht, daß jedem Tugendgrade bestimmte himmlische Güter entsprechen, und die Seelen, je nach dem sie umkleidenden Lichtkörper, verschiedene Rangstufen einnehmen. Der höchste Grad der Glückseligkeit wird nach ihm nur von derjenigen Seele erreicht, die durch innigste Vereinigung mit dem Geist sich selbst gefunden hat und deren innerstes Wesen durch eine völlige Änderung ihrer Natur sich ganz vergeistigt hat. Um so weit zu gelangen, muß sie zu der Erkenntnis der universellen Wahrheit durchgedrungen sein und, so weit es in ihrer Macht liegt, Prinzip und Ziele aller Dinge erkannt haben. Hat die Seele diesen höchsten Grad erreicht, so wird sie von jener Region, in welcher Unveränderlichkeit herrscht, an- und hinaufgezogen und ist dem Niedersteigen zu neuem Werden, zu neuen Daseinsformen nicht mehr unterworfen. Durch die Erkenntnis, die sie erworben hat, kann sie sich dann mit dem großen All vereinigen und in ihrem Wesen das unbeschreibbare Licht widerspiegeln, mit welchem Gott, das Sein alles Seins, in ununterbrochener Ausstrahlung die ganze Unendlichkeit erfüllt.

Ende.

Einleitung — Erläuterungen

[1]) Les vers dorés de Pythagore, expliqués; et traduit pour la première fois en vers eumolpiques français, par Fabre d'Olivet. à Paris, chez Treussel et Würtz. 1813 [2]) Hierocl. Comment. in Aur. Carmin. Proem. [3]) Fabric. Bibl. graec. p. 460. Dacier, Remarq. sur les Comm. d'Hierokl. [4]) Jambl., De Vita Pythag. c. 30 u. 33. Plutarch., De Gen. Socrat. [5]) Plutarch., De Repup. stoïc. Diog. Laërt. L. VIII, § 39. Polyb. L. II. Justin L. XX, c. 4. Vossius, De Phil. sect. c. 6. [6]) Hierokl. Aur. Carm. V. 71. [7]) Dacier, Rem. sur le Comment. d'Hierokl. [8]) Plut., De Gen. Socr. Helian., Var. Hist. l. II, c. 7.

Vorbereitung

[9]) Bacon, Novum Organ. Alph. 65 u. 71. [10]) Asiat. Research. Tom. III. p. 371—374. [11]) Mem. concern. les chin. Tom. II, p. 26. [12]) Eulma Esclam. Note du Bonn-Dehesh, p. 344. [13]) Porphyr. de Antr. Nymph. p. 126. [14]) Αὐτόν δ' οὐχ ὁράω περὶ γὰρ νέφος ἐστήρικται. Vid. Dacier in seinen Remarques sur les Comment. d'Hierokl. [15]) Vita Pythag. Phot. Cod. 259. Macrob. Somn. Seip. L. I, c.6, L. II, c. 12. August., De civit. Dei, L. VI, c. 9 u. 11. Euseb. Raep. Evang. L. III, c. 9. Lactant, De Fals. relig. L. I, c. 6 u. 7. Plot. Ennead. III, L. II.

[16]) Plutarch. de Isid. et Osirid. p. 377. [17]) Die Priester der Burmanen, die Rahans, von den Alten die Samanen genannt nach ihrem Geschlechtsnamen Samana, üben den Geist der Toleranz in weitester Weise aus. Sie besuchen mit der gleichen Verehrung die indischen Tempel, die Moscheen und die Kirchen; man sieht sie nie aus religiösen Gründen Andersgläubige oder die eigenen Glaubensgenossen verfolgen. Brahmanen, Mohamedaner und Christen bekleiden wichtige Stellungen bei ihnen, ohne daß sie daran Anstoß nehmen. Sie betrachten alle Menschen als Brüder. 'Asiat. Research. Tom. VI, p. 274 bis 279.) Die Brahmanen denken ebenso. Man liest in der Bhagavad-Gita die bezeichnenden Worte: „Das höchste Wesen hat

viele in der Form verschiedene Kulte, die aber im Grunde die gleichen sind, geoffenbart. Die Einen folgen diesem, die Anderen jenem Kult. Alle diese Anbeter sind durch den von ihnen verrichteten Kult von ihren Vergehen gereinigt. . . . Gott ist die Gabe der Barmherzigkeit, Gott ist das Opfer, Gott das Feuer des Altars; Gott selbst ist es, der das Opfer bringt, und Gott wird dem zuteil, dem Gott das Ziel seiner Werke ist". (Lect. IV.)

[18]) Hierokl. Aur. Carm. V. 1. [19]) Das griechische Wort Kosmos drückt ein in Ordnung gebrachtes, nach einem festen und geregelten Prinzip geordnetes Ding aus. Seine ursprüngliche Wurzel liegt im phönizischen אֹיש (aôsh), es bedeutet eine Grundkraft, ein elementares Wesen, das ein Grundprinzip verkörpert, das Feuer. Das lateinische Wort mundus gibt den Sinn des griechischen sehr unvollkommen wieder. Es bedeutet genauer etwas durch Wasser Gereinigtes und geeignet Gemachtes. Seine nächste Wurzel ist unda, seine entferntere Wurzel findet sich im phönizischen אֹוד (aôd), eine Emanation, ein Dunst, eine Quelle. Aus dieser Etymologie ist ersichtlich, daß die Griechen die Idee der Ordnung und Schönheit aus dem Feuer herleiteten, die Lateiner hingegen aus dem Wasser. [20]) Diogen. Laërt. L. VIII, § 25. Plutarch. de Socrat. philos. II, c. 6. Sext. Empir. Adv. Math. X § 249. Stob. Eccl. phys. p. 468. [21]) Plutarch. in Numa. [22]) Jambl. Vita Pythag. c. 28, 32 u. 35. [23]) Eν', δύο. Es ist das gleiche Symbol wie das bei den Chinesen so berühmte des Fo-Hi, bei dem es ausgedrückt wird durch eine ganze Linie —— 1, und eine gebrochene Linie — — 2. Ich werde auf den Gegenstand näher eingehen, wenn ich auf die Musik zu sprechen komme und auf das, was die Alten unter der Sprache der Zahlen verstanden. [24]) Vita Pythag. Phot. Bibl. Codex 259. [25]) Dacier, Vie de Pythagore. [26]) Hierokl. Aurea carm. V. 1. [27]) Fabre d'Olivet, Discours sur l'essence et la forme de la Poésie, p. 131: „Es sei darauf hingewiesen, daß das Wort Divo, das persisch ist, bei den Persern zur Bezeichnung des höchsten Geistes gebraucht wurde, ehe Zoroaster durch die Einführung seiner Lehre die Bedeutung veränderte. Er setzte an die Stelle der Divos die Iseds; dadurch nahm er den ersteren die Herrschaft über den Himmel und machte sie zu den Dämonen der Erde". (Anquelil du Perron, Vendidad Sadé, p. 133, Bonn-Dehesh, p. 355.) Ebenso hat das Christentum

den Sinn des griechischen Wortes Daïmonos verwandelt und es zum Synonim des Teufels gemacht, während es ursprünglich für göttliche Geister und Genien gebraucht wurde. [28]) Timäus von Loeris, Kap. 3; Ed. de Batteux, c. 8; Diod. Licul. L. II p. 83; Herod. L. II c. 4; Hyde, De vet. Pers. relig., c. 19; Plat. in Timäus, in Ploed., in Legib. aec. [29]) Bailly, Hist. de l'astr. anc., L. III § 10. [30]) Pythagoras war in seiner Jugend von seinem Vater nach Tyrus gebracht worden, um in den Lehren der Phönizier unterrichtet zu werden. Später besuchte er Ägypten und Arabien und ging nach Babylon, wo er zwölf Jahre zubrachte. Hier soll er häufige Besprechungen über die Grundprinzipien mit einem hervorragenden Magier gehabt haben, den Porphyrius Zabratos nennt, Plutarch Zaratos, und Theodoret Zaradas. [0]Porphyr., Vita Pythagor.) Plutarch neigt zu der Annahme, daß dieser Weise Zardusht oder Zoroaster ist; chronologisch ist es nicht unmöglich. (Plutarch, de Procreat. anim. Hyde, de Relig. vet. Pers. c. 24, p. 309, und c. 31, p. 379.) [31]) Asiat. Research. t. VI, p. 174. [32]) Holwell, Histor. interrest. Events. ch. IV § 5. [33]) Beausotre, Hist. du Manich., t. I, p. 164. [34]) Macrob. Somn. Seip., l. I, c. 11. [35]) Boehme, Les six Points, ch. 2. [36]) Das Wort מכל bezeichnet auf hebräisch, arabisch und chaldäisch das, was vormals war, was man von den Alten durch Tradition überkommen hat. [37]) Hierocl. Aurea carm., V. 48. [38]) Synes. Hymn. III, v. 174. Hymn. IV, v. 68. [39]) Das Wort aeon, griechisch ἀυόν, stammt von dem phönizischen אַי (aï), ein Prinzip des Willens, ein Entwicklungszentrum, und יּוֹן (iôn), die Zeugungskraft. Letzteres Wort bedeutet im engeren Sinn eine Taube, und war das Symbol der Venus. Es ist das berühmte Yoni der Inder, und auch das Yu der Chinesen, d. h. die plastische Natur des Universums. Hieraus ist der Name Jonien für Griechenland entstanden. [40]) Herm. Frising, c. 11. [41]) Plutarch, cit. von Père Pétan. Notes in Synes, p. 42. [42]) Clem. Alex. Eclog. Theod. § 30. [43]) Hist. du Manich. t. I, p. 572. [44]) Die Götter, die Helden und die Dämonen bedeuten im Griechischen: die Urwesen, die die Vollkommenheit erreicht haben, diejenigen, die herrschen, und die irdischen Existenzen. Das Wort θεός (theos), gebildet aus dem Wort אָיֹשׁ (aôs), ein Urwesen, dem der hemantische Buchstabe ה (Θ, θ, th) vorangesetzt ist, das Zeichen der

Vollkommenheit. Das Wort Ἥρως (heros) besteht aus demselben Wort אִישׁ (aôs), mit dem vorgesetzten Wort הֹר (herr), welches alles, was herrscht, in sich begreift. Das Wort Δαίμων (Daïmon) kommt aus dem alten Wort Δημ, die Erde, in Verbindung mit dem Wort ων, Dasein, Existenz.

Reinigung — (Läuterung)

[45]) Lil. Greg. Gyrald: Pythag. Symb. Interpret. p. 92. [46]) Apud. Phot. Cod. 249. [47]) Dict. Crit. art. Pythag. rem. Q. [48]) Diese Heimat des Adam, hebräisch הָאֲדָמָה (ha-adamali), die Adamische; das Wort wird meist mit Erde übersetzt, bedeutet sie aber nur bildlich. Sein eigentlicher, schwer zu erfassender Sinn hängt stets mit dem Namen des Adam zusammen, von dem er abgeleitet ist. — Ihôah, hebräisch יְהֹוָה, fälschlich Jehovah ausgesprochen (der Grund hierzu liegt in einer unrichtigen Punktation der Verfasser der Massora), ist der Eigenname Gottes. Dieser Name ist von Moses in sehr geistiger Weise durch Zusammensetzung des Zeitworts הֹיֶה (hôch), sein, gebildet worden. Er bedeutet wörtlich: werde sein — bin — war; derjenige der ist, war, und sein wird. Er wird am besten mit „der Ewige" übersetzt. Es ist die Ewigkeit, die Zeit ohne Grenzen des Zoroaster. Gewöhnlich ist er, wie in diesem Fall, von den Worten אֱלֹהֵיךָ (A — Elohim — eha), deine Götter, begleitet, um auszudrücken, daß die Einheit, die im Ihôah liegt, die Unendlichkeit der Götter in sich begreift, und bei dem Volke Israël an ihre Stelle tritt. [49]) Mein concern. les Chinois, t. IV, p. 7. [50]) Mein. concern. les Chinois, ibid. [51]) Nemesis, griechisch Νέμεσις, stammt aus den phönizischen Worten כְּאָם (nam oder noem) und bedeutet jede mündlich erteilte Anordnung, Befehl, Rechtsspruch; und אֶשִׁישׁ (oeshish), alles was von der Grundlage, vom Prinzip ausgeht. Die Wurzel des letzten Wortes ist אַשׁ (as, os, oder oes), von dem schon wiederholt die Rede war. [52]) Hiao King,

186

Das Buch von der kindlichen Pietät, [53]) Konfuzius in Hiao King. [54]) Hierokl. Comment. Aurea Carm. V. 5. [55]) Hierokl. ibid. v. 7. [56]) Porphyr. in Vita Pythag. p. 37. [57]) Dacier, Vie de Pythagore. [58]) Diogen. Laërt. L.V, § 21. [59]) Hierokl. Aurea Carm. v. 8. [61]) Zend-Avesta, 30. hâ, p. 164., ibid. 34. hâ, p. 174, ibid. 72. hâ, p. 258. [62]) Vie de Confucius, p. 139. [63]) Hermes Trismeg. in Paemander. [64]) Senec. de Sen. VI, 2. [65]) Aul-Gell. l. VI, c. 2. [66]) Plutarch, de repugn. Stoïc, de fato. [67]) Chaleidius in Tim. not. 295 p. 387. [68]) Hist. du Manich. t. II, l. V, c. 6, p. 250. [69]) Dict. crit. art., Manicheens, rem. D. [70]) Ciceron. Tusenl. l. I; Clem. Alex. Strom. l. V, p. 501. [71]) Justin. Cohort. ad Gent. p. 6. Cyrill. contra Julian. Fabric. Bibl. graec. Tom. I p. 442. [72]) Plutarch, de Procr. anim. [73]) Plat. Epist. 2 u. 7. Tome III p. 312, 313, 341 usw. [74]) Vgl. hierzu Beausobre, Histoire du Manichéisme. [75]) Wenn Zoroaster von diesem Grunde spricht, gibt er ihm, nach der Übersetzung Anquetil du Perrons, den Namen: die Zeit ohne Grenzen. Als absolut tritt dieser Grund in der Lehre dieses Theosophen vorerst noch nicht auf, denn er nennt an einer Stelle des Zend-Avesta, wo er vom höchsten Wesen, dem Schöpfer des Ormuzd' und des Ahriman, spricht, diesen das in der Vollkommenheit absorbierte Wesen, und fügt hinzu, das Feuer, das von Anfang her wirke, sei der Ursprung der Vereinigung dieses Wesens mit Ormuzd. (36. hâ des Vendidad-Sade, p. 180.) In der Sharistha heißt es, dieses höchste Wesen hätte seinen Willen unter der Gestalt eines leuchtenden Lichts herniedergesandt, als es die Materie des Universums organisierte. (Apud. Hyde, c. 22 p. 298.) [76]) In Tim. not. 295. [77]) Photius, Cod. 251. Nach der Aussage des Fabricius (Bibl. graec. t. I, p. 472) urteilen Plotin, Porphyrius, Jamblichos, Proclus und Symplicius ebenso. [78]) Ilias, L. ult., v. 527. [79]) Ciceron. de Natur. Deor. L. I, c. 15. [80]) Cicer. de fato, c. 17. [81]) Axiomes de Pythag. in Stob. Serm. 6. [82]) Hierocl. Aur. Carm. v. 10 u. 11. [83]) Strabo, L. XVI, p. 518. Sext. Empir. Adr. Mathem. p. 367. [84]) Atome, griechisch ἄτομος, ist aus dem Wort τύμος, ein Teil, gebildet, dem das Alpha privativum vorgesetzt ist. [85]) Huet. Cens. Phil. Cartesian. c. 5 p. 213. Eine eingehende Untersuchung der Systeme Descartes', Leibniz' und Newtons ergibt, daß sie im letzten Grunde alles entweder auf die Atome oder auf die Kräfte, die in ihnen liegen una sie bewegen, zurückführen. [86]) Cicer. de fato, c. 17. [87]) August. Epist. 56. [88]) August. Epist. 56.

[89] Cicer. de Nat. Deor., L. I, c. 19; quaest. Acad. L. IV, c. 13. de fato, c. 9. [90] Diog. Laërt. L. X, § 123. Cicer. de Nat. Deor., L. I, c. 30. [91] Senec. Epist. 88. Sext. Empir. Ado. Math. L. VII, c. 2. Arist. Metaphys. L. III, c. 4. [92] Cicer. de Nat. Deor. L. I, c. 15. [93] „Semel jussit, semper paret", sagt Seneca. „Die Gesetze, die Gott selbst sich vorgeschrieben hat," fügt er hinzu, „kann er nicht widerrufen, denn sie sind von seinen eigenen Vollkommenheiten diktiert; der Plan, der Vorsatz, der ihm einmal gefallen hat, muß ihm ewig gefallen." (Seneca, Praef. ad. Quaest. nat.) [94] Cicer. de fato, c. 17. [95] Cicer. ibid. c. 9. [96] Aul.-Gell. L. VI, c. 2. [97] Cic. De nat. Deor. L. I, c. 9. Plutarch, De repug. Stoïc. Diogenian apud Euseb. Proep. Evang. L. VI, c. 8. [98] Herod. Euterp. § 171. Julian. Firn. de Error. prof. p. 45. [99] Meurs. Graec. Feriat. L. I. Plutarch in Alcibiad. Porphyr. de Abst. L. II, § 36. Euseb. Traep. Evang. L. I, c. 1. Schol. Apoll. L. I, v. 917. Pausan. Corinth. p. 73. [100] Porphyr. Vita Pythag. p. 10. [101] Die Lehre Krischnas ist hauptsächlich in der Bhagavad-Gita enthalten, einem von den Brahmanen besonders geschätzten Pourana. Im Zend-Avesta und dem Boun-Dehesh findet man die des Zoroaster. Die Chinesen besitzen den Tshun-Tsieou des Konhneins, ein historisches Monument, das den Ruhm der Vorsehung verherrlicht. In dem Poemander des Asklepius sind die Ideen des Thaôt niedergelegt. Die Schrift des Synesius über die Vorsehung enthält die Lehren der Mysterien. Endlich kann man sie in der Edda finden, in der Lehre Oddins, die „Havamâl" betitelt ist. Alle diese Werke sind auf dem gleichen Grundgedanken aufgebaut. [102] Dieses bezieht sich nur auf die ungebildete große Menge. Der Gelehrte und der Eingeweihte führten die Mannigfaltigkeit der Götter leicht auf ihre Einheit zurück, und kannten den Ursprung des Bösen, oder fragten nach ihm, da ohne diese Erkenntnis die Einheit der Gottheit immer unerkärbar ist. [103] Thales, von Plato cit., de Republ. L. X. Cicer. Acad. Quaest. IV, c. 37. Aristot. Metaphys. L. III. [104] Anaximander in Arish. Phys. L. I. Sext. Empir. Pyrrh. III. [105] Anaximenes in Arist. Metaph. L. I, c. 3. Plutarch, de Plazit, Phil. I, 3. [106] Heraclit u. Plato, Theetet. Arist. Metaph. L. I. c. 6. Sext. Empir. Adv. Math. L. VII. [107] Degerando, Hist. des Syst. de Phil. t. III, p. 283. Arist. Metaph. L. I, c. 6. Diog. Laërt. L. IX, c. 19. [108] Cicer. de Nat. Deor. L. I, c. 9. [109] Boet. de Consol. L. I, prosa 4. [110] Plutarch, Adv. Stoïc., p. 1075. [111] Cicer., de fato, c. 10. Lucret., L. II, v. 216, 251, 284.

188

[112]) Cicer., de fato, c. 9 u. 17. Diogenian, apud Euseb. Praep.
Evang L. VI, c. 8. [113]) Cicer., de Nat. Deor. L. III, c. 38 u. 39.
[114]) Aul.-Gell. L. VI, c. 1. [115]) Plutarch, Adv. Stoïc. [116]) Der
Name Pharisäer bedeutet, allgemein genommen, das was erleuchtet ist, verherrlicht, berühmt. Er stammt aus der Wurzel
אוֹר (aôr), das Licht, von dem Artikel כֵּה (phe) regiert,
der die Emphase ausdrückt, daher סאֵר (phaer), eine Au-
reole, eine Thiara, und פרדחכרים (pharathmein), die
berühmten, erhabenen Menschen. Der Name Sadducäer entspringt aus der Wurzel שׂד (shad), es bedeutet jede Diffu-
sion, jede Propagation, und wird für die produktive Natur
im allgemeinen, und für die Brust, ihr Symbol bei den Ägyptern, im engeren Sinn, gebraucht; es bedeutet genauer die
Physiker oder Naturalisten. [117]) Der ursprüngliche Name der
Bücher Mosis ist סֵפֶר (sepher); der Name Bibel ist aus dem
griechischen βίβλος entstanden, den die Übersetzung, die
unter dem Namen Septuaginta bekannt ist, für sie anwendet.
[118]) Joseph Antig. L. XII c. 22; L. XIII, c. 9 u. 23; L. XVII,
c. 3. Budd. Introd. ad Phil. hebr. Basnage, Histoire des Juifs,
t. 1. [119]) Amos, c. III, v. 6. Hesekiel, c. XXI, v. 3. [120]) Er
sagt selbst von sich aus, daß er die himmlischen Schätze nicht
besitze, die Mysterien ihm nicht bekannt seien, daß er über
das Wesen der Seele nichts sagen könne (Koran, Kap. 6 u. 17).
Da er den buchstäblichen Text des Sepher anerkannte, mußte
er notwendigerweise zu der Lehre von der Prädestination
gelangen. „In Gottes Hand", sagt er, „ruhen die Schlüssel
der Zukunft. Er allein kennt sie. . . . Die Völker können den
Zeitpunkt ihres Niederganges weder aufhalten noch näher
bringen." (Koran, Kap. 6 u. 23.)
[121]) Vita Pythag. Plotin, Bibl. Cod. 259. [122]) Kircher,
Oedip. L. I, p. 411. Edda Island. Fabl. Macrob. Saturn. L. I,
c. 20. [123]) Pan, πᾶν, bedeutet das Ganze, das All, Phanes
kommt aus dem phönizischen אנש (ânesh), der Mensch,
dem der emphatische Artikel פ (ph) vorgesetzt ist. Beide
Worte haben dieselbe Wurzel אן (ân), die im bildlichen Sinn
die Sphäre der Tätigkeit bedeutet, im wörtlichen Sinn die
Umgrenzung des Wesens, seinen Körper, seine Fähigkeiten.
Aus dieser Wurzel bilden sich auch die Worte אדי (âni),
ich, und אביה (aniha), ein Schiff. [124]) Plotin., Ennead. III,

L. 2. Euseb. Praep. Eran. L. III, c. 9. Macrob. Somn. Seip. L. II,
c. 12. Marc. Aurell. L. IV, c. 34. [125]) Mém. concern. les Chinois,
t. II, p. 174. Edda Island. Beausobre, Hist. du Manich., t. II,
p. 784e, Boehme Vom dreifachen Leben des Menschen, c. IX,
§ 35. [126]) Zoroast Oracul: Πάντι ἐν κόσμω λάμπει τριὰς ἦν Μονὰς
ἄρχη. [127]) Hierocl. Aurea Carm. v. 14.
[128]) Hermes, in Poemandr. [129]) Evang. S. Math. c. 18.
[130]) Vendidat Sadé p. 89. [131]) 34. hâ, p. 174. [132]) 3. Fargard,
p. 284. [133]) Jeshts Sadès, p. 151. [134]) Hafiz, cit. in Recherches
asiatiques, t. IV, p. 167. [135]) Edda Island. Hâvamâl. [136]) Diog.
Laërt. in Proem. p. 5. [137]) Poemander und Asklepius. [138]) Die
umfassende Sammlung der brahmanischen Moralgesetze. In
dem Sepher des Moses finden sich viele Gedanken daraus
wörtlich wieder. [139]) Man hat ihr Alter auf dreitausend Jahre
vor unserer Zeitrechnung geschätzt. Es wird einer Sonnen-
finsternis in ihnen erwähnt, die den Berechnungen gemäß im
Jahre 2155 v. Chr. stattgefunden hat.
[140]) Senec. de Sen., l IV, c. 2. [141]) Hierokl. Aur. Carm. v. 18.
[142]) Jamblich., de Vita Pythag. Porphyr. ibid. und de Abstin.
Vita Pythag. apud Phot. Cod. 259. Diog. Laërt. in Pythag.,
l. VIII. Hierokl. Comment. in Aur. Carm. ibid. de Provident.
Philostr. in Vita Apollon. Plutarch de Placit. philos. ibid. de
Procreat. anim. Apul. in Florid. Macrob. in Saturn. und
Somn. Scipion. Fabric. Bibl. graec. in Pythag. Clemens Alex.
Strom passim., etc., etc. [143]) Hierokl. Aur. Carm. v. 14. Phot.,
Cod. 242 u. 214. [144]) Diog. Laërt. in Pythag. ibid. in Emped.
[145]) Hierokl. Pont., apud. Diog. Laërt., L VIII, §4. [146]) Maximus
von Tyrus hatte eine Abhandlung über den Ursprung des
Bösen geschrieben, in der er erzählt, die weissagenden Orakel
hätten auf jene Frage mit den zwei Versen Homers geantwortet: „Wir beschuld'gen die Götter mit unseren Fehlern;
wir selber bringen sie alle hervor durch unsere eigene Schuld."
[147]) Hierocl. Aur. Carm. v. 18. [148]) Plutarch, de Repugn. Stoïc.
[149]) In Gorgias und Phileb. [150]) Hierocl. Aur. Carm. v. 18.
[151]) Hierocl. Aur. Carm. v. 18, 49, 62. [152]) In Phaedon. in
Hipp. II. In Theet. de Rep. L. IV, etc. etc. [153]) Hyde: de Relig.
vet. Pers. p. 298. [154]) Evang. Math. XVII, v. 19. [155]) Vie de
Kong-Tse, p. 324. [156]) Mong-Dsi, cit. von Duhalde, T. II,
p. 334. [157]) Bhagav.-Gita, Lect. II. [158]) Viertzig fragen von
der Seelen Orstand, Essentz, Wesen, Natur und Eigenschafft.
Quest. I. [159]) ibid. [160]) IX Textes, text. 1 u. 2. [161]) XL Quest.,
quest. 6. [162]) Plat. in Theag. [163]) Clem. Alex. Strom. L. IV.,
p. 506. Beausobre, Hist. du Manich., Tom. II, p. 28.

[164]) Dieses ist die Bedeutung des griechischen φιλόσοφος. [165]) Im Tshong-Yong, oder dem Central-Princip, dem unveränderlichen, dem sogen. „Buch des Großen Willens". [166]) Ev. S. Math. VII v. 6. [167]) Bhagavat-Gita, lech. 8 u. 13. [168]) Evang. S. Lucas XIV, v. 26. [169]) 50e hâ, Zendavesta' p. 217. 45e hâ, ibid. p. 197. [170]) Num. 31. Deuter. 3. v. 20. Exod. 34. [171]) Koran I, c. 4, 22, 23, 24, 25, 50 etc. [172]) Evang. S. Matth. V v. 44. [173]) ibid. XII. v. 20—25. [174]) ibid. v. 34. [175]) ibid. XII. v. 30.

[176]) Bacon, Novum Organ. [177]) Novum Organ. Aphor. 38 seq. [178]) Vgl. Vie de Hong-Tze und Ta-Hio, zitiert in den Mém. concern. les Chinois, Tom. I, p. 432. [179]) Mem. concern. les Chinois, Tom. IV, p. 286. [180]) Nov. Organ. in Praef. et Aphor. I. [181]) ibid. Aph. 11. [182]) ibid. Aph. 13. [183]) Nov. Organ. Aph. 14 u. 15. [184]) ibid. Aph. 38 et sqn. [185]) ibid. in Praef. et Aph. 73. [186]) ibid. Aph. 63. [187]) ibid. Aph. 65. [188]) Aurea Carm. v. 25.

[189]) Aurea Carm. v. 27.

[190]) Hermes in Asclepio. Porphyr. de Antr. Nymph. p. 106. Origen. Contr. Cels. L. VI, p. 298. Hyd. de Vet. pers. Relig. p. 16. Jambl. de Myster. Egypt. c. 37. [191]) Hist. des Voyages t. LII, p. 72. Diod. L. IV, c. 79. Plutarch in Vita Num. [192]) Boulanger, Antiq. detroil. L. III, ch. 5, § 3. [193]) Mém. de l'Acad. des Inoc. t. I, p. 67. Tit.-Sir. Deced. I, L. IX, Ant. Gell. L. VI, c. 9. [194]) Duhald. t. II, p. 578., t. III, p. 336, 342. Const. d'Orville, t. I, p. 3. [195]) Philostr. in Vita Apoll. L. III, c. 13. [196]) Syncell. p. 35. [197]) Senec. Quaest. Nat. L. III c. 30; Synes. de Provid. L. II. [198]) Plat. in Tim. Ovid. Metam. L. XV, fab. V. Senec. Epist. 35. Macrob. in Somn. Seip. L. II, c. 11. Hist. des Voyages, t. XII, p. 529. Dupuis, Orig. du Cultes, L. V, in 12°, p. 474. Bailly, Hist. de l'Astr. anc. L. IX, § 15. [199]) Cicero, de Divin. L. II, c. 97. [200]) Cicer. de Nat. Deor. L. II c. 20; ibid. de Divin. L. II c. 97. [201]) Plat. in Tim. [202]) Souryâ-Siddhanta. [203]) Asiat. Research. t. II, p. 378. [204]) Biot, Astr. Phys. ch. 14 p. 291. [205]) Vita Pythag. Phot. Bibl. Cod. 259. Plat. in Tim Macrob. in Somn. Seip. Virg. Aeneid. L. VI, v. 724. Servius, Comm. ibid. Cicer. de Nat. Deor. L. I, c. 5, 11, 14, 15. Diog. Laërt. in Zen. Batteux, Causes premières, t. II, p. 116. Beausobre, Hist. du Manich. t. II, L. VI, c. 6, § 14. [206]) Stanley, de Phil. Chald. p. 1123. [207]) Kircher, Oedip. t. I, p. 172, t. II, p. 200. [208]) Maimon. More Nevoêh. I Part. c. 70. [209]) Salmas. Ann. Climat. Praef. p. 32. [210]) Homer, Odyss. K. v. 494.

Diodor. Sic. L. V, c. 6. Plin. L. VII, c. 56. Plutar. de Oracul. Defect. p. 434. [211]) Horat. Sat. V, L. II, v. 59.

[212]) Hierocl. in Aurea Carm. v. 31. [213]) Alcibiad. I u. II. Lachès, etc. [214]) In Alcibiad. I. [215]) Burette, Mém. de l'Acad. des Belles-Lettres. t. V. Laborde, Essai sur la Musique, t. I. Introd. p. 20. [216]) Wood, Essai sur le Génie Orig. d'Homère, p. 220. [217]) Bryant, cit. von Desalles, Hist. d'Homère, p. 18. [218]) Wolff und Klotz, cit. von demselben, ibid. p. 36 u. 117. [219]) Paw, Recherches sur les Grecs, t. II, p. 355. [220]) Nov. Organ. Aph. 48. [221]) De Dign. et Increm. Scient. L. III, c. 4. [222]) Ut supra.

[223]) Sueton. in Tiber. § 66. [224]) Diogen. Laërt. in Pythag. [225]) Hierocl. Aurea Carm. v. 33.

[226]) Bacon versichert, die Alten hätten den neidischen Blick für Unheil bringend gehalten; man habe beobachtet, daß hochstehende Persönlichkeiten, die in großen Triumphzügen neidischen Blicken ausgesetzt gewesen, mehrere Tage danach krank gelegen hätten. (*Sylva Sylvarum, § 941.) [227]) Aul.-Gell. L. IV, c. 11. [228]) Athen. L. VII, c. 16. Jambl. Vita Pythag. c. 30. [229]) Jambl. ibid. c. 24. [230]) Diogen. Laërt. L. VIII § 9. Clem. Alex. Paed. L. II, p. 170. [231]) Diog. Laërt L. VII I §19. [232]) Jamblich. ibid. c. 21. Porphyrius, Vita Pythag. p. 35. Athen. L. X p. 418. Anl. Gell. L. IV c. 11.

[233]) Hierokl. Aur. Carm. v. 32. [234]) Prov. des Brahmanen Barthâovhari. [235]) Schu-King. c. Yu-Mo. [236]) Im Tschug-Yong od. dem Buch der Rechten Mitte.

Die Vervollkommnung

[237]) Porphyr. Vita Pythag. p. 27. [238]) Gesetze des Manu, Kap. I v. 5. [239]) Xenophon, Mem. L. IV. Plato, in Alcibiad. I. Ibid. in Pharm. Pausan. L. X. Plin. L. VII c. 32. [240]) In Alcibiad. I. [241]) Cicer. Acad. Quest. L. IV, c. 24. Sext. Empir. hypotyp. L. I, c. 4 u. 12. [242]) Diog. Laërt. L. IV, § 10. Cicer. Acad. Quaest. L. IV, c. 18. [243]) Deslaud. Hist. crit. de la Philos. t. II, p. 258. [244]) Euseb. Praep. Evang. L. XIV, c. 4. [245]) Bayle, Dich. crit. art. Arkesilas. [246]) Sextus Empiricus, der nie etwas leichtfertig behauptet, berichtet, Arkesilas habe mit dem Skeptizismus nur geprunkt, die Zweifel, die er seinen Schülern vorführte, hätten nur den Zweck gehabt, zu zeigen, ob sie die genügende Begabung besäßen, um Platos Lehre zu begreifen. Traf er auf einen Schüler, der die nötige Befähigung besessen habe, so hätte er ihn in die wahren Lehren des Altertums eingeführt. Pyrrh. hypotyp. L. I, c. 33.) [247]) Sext. Empir. Pyrrh. hypotyp. L. I, c. 4, 12, 15; L. II, c. 4 etc. [248]) Ilias, L. VI, v. 146: Οἵ ἥπερ φύλλων γενεή, τοιήδε καὶ ἀνδρῶν. [249]) Die Brahmanen nennen die Illusion, die der Schleier bewirkt, Maya. Nach ihrer Idee hat nur das höchste Wesen wirkliche und absolute Existenz, alles andere ist Maya, d. h. phänomenal, auch die Dreieinigkeit, die aus Brahma, Wishnu und Rudra (Shiva) gebildet ist. [250]) Degerando, Hist. comp. des Systèmes de philos t. III, p. 360. [251]) Ibid. t. III, p. 361. [252]) Zeno war durch ein Unwetter in den Hafen von Piräus verschlagen worden; er betrachtete diesen Zufall später als eine Gnade der Vorsehung, weil er dadurch dazu geführt wurde, sich der Philosophie zu widmen, und so der Stimme eines Orakelspruchs zu gehorchen, die ihm geboten hatte, die Farbe des Todes anzulegen, d. h. sich dem Studium der Alten zu widmen und ihre Lehre zu unterstützen. [253]) Plutarch in Catone quajore. [254]) Plutar. Ibid. Cicer. de Republ. L. II. Apud Novium voce Calumnia. Lachant. L. V, c. 14. [255]) Darauf bestanden die Skeptiker des Altertums. Vgl. Sext. Emp. Pyrrh. hypnotyp. L. I c. 15, L. II c. 4, 14, zitiert bei Degenerando, Hist. comp. des Syst., Tom III p. 395.

[256]) Kritik der reinen Vernunft S. 6. [257]) Vom griechischen κριτικὸς = fähig zu urteilen. [258]) Auszug aus dem Vedanta, einer metaphysischen Abhandlung, die Vyasa zugeschrieben wird und von Sankara kommentiert ist. [259]) Justin, Cohort.

ad. Gent. p. 6. Cyrill. Contr. Julian. [260]) Plutar. De Procr·
anim. Chalcid. in Fim. v. 293. [261]) Plat. in Tim. Ibid. in Theet.
Ibid. de Rep. L. IV. Vgl. Proclus, Comment. in Tim. L. I. Marc.
Aurel. L. IV, L. IX, L. XII und Beausobre, Hist. du Manich.
t. II, p. 175. [262]) Dieser Gedanke, daß die Vierzahl aus der
Einheit, und die Dekade aus der Vierzahl hervorgehen, ist
in nachstehenden Versen des Pythagoras, die Proclus zitiert,
ausgedrückt:

> Die Monade ist die heilige Quelle der Zahl;
> aus ihr entspringt sie, zieht sie ihre Kräfte,
> die hell in der Tetraktis leuchten, der All-Mutter,
> aus der hervor die Dinge alle gehen; in ihrem Schoß
> ruht die unsterbliche Dekade, die an jedem Ort verehrte.

[263]) Die nächste Wurzel des Wortes ist find, woraus finden
gemacht ist; seine entferntere Wurzel Hand, der Sitz des
Tastgefühls, wovon Finger, das Tastende, kommt; seine ursprüngliche Wurzel ist אד oder יד (âd oder id), im Phönizischen = die Hand. Diese letztere hat, indem sie die Endung
nasaliert und den ersten Buchstaben mit dem H-Laut ausspricht, das Wort Hand gebildet und weiter die Worte fang
und finden. Die der Wurzel vorgestellte Silbe emp drückt eine
nach oben gerichtete Bewegung aus; lich bezeichnet, was sich
wegen der Identität nicht unterscheiden läßt; die Endsilbe
keit macht das Wort zum Hauptwort. [264]) Die Wurzel dieses
Wortes ist stand, etwas Feststehendes, ein Zustand; seine entferntere Wurzel ist stat, etwas Dauerndes. Seine ursprüngliche
Wurzel ist שרד (shdad) (phöniz.), Gewalt, Stärke, Beharrlichkeit. Die Präposition ver bezeichnet die hinzielende Bewegung, die von dem Standort zu einem weiterliegenden,
noch nicht erreichten Punkt führt. [265]) Die nähere und die
entferntere Wurzel dieses Wortes sind aus dem modernen
Deutsch verschwunden, nur die Ableitungen sind noch
geblieben. Seine ursprüngliche Wurzel liegt im lateinischen
opt, aus dem opto, ich wähle, herleitet, und optime, sehr gut.
Die Wurzel hängt zusammen mit dem phönizischen עוף
(sohôph), jedes Ding, das sich über ein anderes erhebt. Es hat
sich im Deutschen nasaliert und das ph in ft verwandelt. Aus
ihm entspringen das sächsische, englische, belgische und
dänische up, die alle nach oben strebende Bewegung bezeichnen. Daher das deutsche Luft, und das englische aloft,

194

das was hoch ist. Die Präposition ver hat die Finale n vor dem unft angenommen, wie sie es auch in dem verwandten fern, das was fort ist, tut. [266]) Dégérando, Hist. des Syst. de philos. t. II, p. 193. [267]) Kritik der reinen Vernunft, S. 24. [268]) In den orientalischen Mundarten bezeichnet רו (rou) den Gesichtsstrahl, und רד (rad) jede Bewegung, die sich auf gerader Linie bewegt. Diese Wurzel, begleitet von der gutturalen Abwandlung, bildet im Deutschen recht, im Englischen und Dänischen right. Die Lateiner machten aus ihr rectum, das was gerade ist; die Franzosen rature, das Durchstrichene, und rateau, den Rechen. [269]) Plato in Tim. von Beausobre zitiert, in Hist. du Manich. t. II, p. 174. [270]) Das Wort Intelligenz, lateinisch intelligentia, besteht aus den Worten inter eligere, oder elicere, wählen, innerlich und aus Sympathie an sich ziehen; die Etymologie des Worts drückt genau die Anwendung dieses Vermögens aus. [271]) Kritik der reinen Vernunft, S. 662, 731. Degerando, Hist. des Systèm. t. II p. 230. [272]) Kritik der reinen Vernunft, S. 306, 518, 527 etc. [273]) Ibid. S. 135, 157, 399. [274]) Kritik der prakt. Vernunft, S. 5, 22, 219, 233 etc. [275]) Characteristics, London, 1737. [276]) Système de Philos. morale, t. I, ch. 4. [277]) Inquiry into the human mind, on the principle of common Sens. [278]) An Appeal to common Sense. Edinburg, 1765. [279]) Pensées, § 21.

[280]) Griechisch τὸ ἡγεμονικὸν, bedeutend, was dominiert und beherrscht, was intelligibel ist. [281]) Griechisch τὸ φυσικὸν, was der Zeugungskraft angehört, physisch und sinnlich wahrnehmbar ist. [282]) τὸ λογικὸν, dessen Bedeutung im Griechischen ist: was der vernünftigen Natur angehört, was logisch ist, das, was bewirkt, daß etwas Anderes vorhanden ist. Plato in Tim.) [283]) Plutarch., De facie in Orb. lun., p. 943. [284]) Die erste Gattung der Tugend wird die ἀνθρωπίνη, die menschliche, genannt, die zweite ἡρωικὴ καὶ θεία, die heroische oder göttliche. Man muß diesen Bezeichnungen Beachtung schenken, sie beziehen sich auf die drei Hauptvermögen des Menschen. Aristot. ad Nicom. L. VII, c. 1. Plato in Theätet. Gallian. in Cognit. et Curat. morb. anim. L. I, c. 3 u. 6. Theod. Marcil. in Aur. Carmin. [285]) In Somn. Seip. c. 8. [286]) Arist. de Coelo et Mundo, L. I. Philo, de Mund. opific. [287]) Pausanias in Corinth., p. 72. [288]) Suidas in Εποπ. Harpocr. ibid. [289]) Clem. Alex. L. V, p. 582. [290]) Psellus, ad Oracul. Zoroaster. [291]) Meurs. Eleus.,

c. 12. Dion Crysost. Orat. XII. [292]) Sophokl. apud Plutarch. de audiend. Poet. Schol. Aristoph. de Pace. [293]) Porphyr., Vita Pythag., p. 5. [294]) γνῶσις, Erkenntnis. [295]) Epiph. L. I. Pluquet, Dictionn. des Hérésies, t. II, p. 72. [296]) Diod. Sicul. L. I. Herodot. L. II. [297]) Aristot. Polit. L. II. Strabo L. VIII. [298]) Court-de-Gebel, Monde primitif. t. VIII, p. 9. [299]) Zend-Avesta, 14e hâ, p. 127. [300]) Pomp. Mela, L. III, c. 2. Cäsar, L. VI, c. 14. Pellontier, Hist. des Celtes, L. IV, ch. I, § 27—30. [301]) Das erste Shastra trägt den Titel Djatimala; den Titel des anderen weiß ich nicht; ich zitiere die Stelle nach Henry Lord: Discovery of the Banian Religion, in Church Collect., vol. VI. [302]) Asiat. Research. t. VI, p. 254. [303]) Mémoir. concern. les Chin. t. II, p. 174, usw. [304]) Vie de Kong-Tse, p. 237.

[305]) Porphyr. Vita Pythag. [306]) Plato. ut supra. [307]) Synes. de Provident., c. 5. [308]) Beausobre, Hist. du Manich., t. II, p. 33. [309]) Tatian. Orat. contr. Graec. p. 152. [310]) Plato in Gorgia; ibid. in Phaed.; ibid. de Rep., L. VIII. August. de Civit. Dei, L. III, c. 1 u. L. X, c. 29.

[311]) Diogen. Laërt., L. X, § 123. Cicer. de Natur. Deor. L. I, c. 30. [312]) Cicer., ibid. c. 8 et sequ. [313]) Cicero, ut supra. [314]) Diogen. Laërt. L. X, § 123. [315]) Dietiam. crit. art. Epicure, rem. T. [316]) Mémoir. concern. les Chinois, t. I, p. 102 u. 138. [317]) Asiat. Research., vol. VI, p. 215. Vgl. die Puranas Bhagavat-Vedam und Bhagavat-Gita mit Asiat. Research., t. V, p. 350 etc., und Holwell, Interrest. Histor. Erents, ch. 4, § 5 usf. [318]) Cicer. cit. von S. August. Contr. Pelag. L. IV. Pindar. Olymp. II, v. 122. [319]) Meurs. Gleus. c. II. Dion Chrysost. Orat. 12. [320]) Bonn Dehesch. p. 347. [321]) Vendidad Sade, 30e hâ. [322]) Homil. Clement. XIX, § 4. [323]) Ibid., cit. von Beausobre, Hist. du Manich., t. I, p. 38. [324]) Die Sprache des Moses müßte erst restituiert werden — sie ist seit mehr als vierundzwanzig Jahrhunderten verloren — und zwar ohne Inanspruchnahme des Griechischen und Lateinischen, die sie durch täuschende Versionen fesseln; man müßte bis zu den ursprünglichen Wurzeln zurückgehen. [325]) Fortun. apud August. Disput. II. Aug. Contr. Faust. L. XXI c. ult. [326]) Origen., cit. von Beausobre in Hist. du Manich. t. II, L. V, ch. 6. [327]) Beausobre, ibid. t. II, p. 346. [328]) Hierokl. Aur. Carm. v. 49, 50. [329]) Plato, in Alcibiad. II. [330]) Vendidad-Sade, 68e hâ. [331]) Zend-Avesta, Jeshts-Sades, p. 113. [332]) Hermes, in Asklep. c.9. [333]) Origen. Contr. Cels., L. I, p. 19. [334]) Synes.

de Insomn. p. 134, et seq. Niceph. Greg. Schol. in Synes. p. 360, et seq. [335]) Naudé, Apolog. des grands Homues accusés de Magie. [336]) Corn. Cels. de Remedie. L. I, Praef. [337]) Hierokl. Aur. Carm. v. 48 u. 49, u. 46. [338]) Plato, in Gorgia, in Phaedr., ibid. de Repub. L. VII. August. de Civit. Dei, L. III, c. 1, u. L. X, c. 29. [339]) Acad. des Inscript. t. XXXI, p. 319. [340]) Proclus, in Tim. L. V, p. 330. Cicer. Somn. Seip. c. 2, 3, 4, 6. Hierocl. in Aur. Carm. v. 70. [341]) Veda, cit. von W. Jones, Asiat. Research. t. IV, p. 173. [342]) I Purana, Matsya. [343]) Bushanda-Ramayan. [344]) Gesetzbuch des Manu, ch. 1, v. 1. [345]) Shanda-Purâna. [346]) Morgenröte im Aufgang: durch Jacob Böhme zu Amsterdam, 1682, K. 14, § 41. [347]) Brahma, Wischnu, Rudra (Shiva). [348]) Jupiter, Neptun, Pluto. [349]) Im Tao-te-king des Lao-Tse heißt es: das absolute, universelle Wesen, das er weder nennen noch definieren dürfe, sei dreifach. „Das erste", heißt es dort, „hat das zweite erzeugt, beide gemeinsam das dritte, und die drei haben alles geschaffen. Derjenige, den der Geist erfaßt, das Auge aber nicht erblicken kann, heißt Y, die absolute Einheit, der Mittelpunkt; der, den das Herz hört, und das Ohr nicht hören kann, heißt Hi, das universelle Sein; der, den die Seele fühlt, und die Hand nicht fassen kann, Onei, das individuelle Sein. Suche nicht die Tiefen dieser Dreieinigkeit zu ergründen; ihre Unbegreiflichkeit kommt aus ihrer Einheit." „Diese Einheit", fügt Lao-Tse an anderer Stelle hinzu, „heißt Tao, die Wahrheit; Tao ist Leben; Tao ist sich selbst Gesetz und Vorbild. Er ist so hoch, daß man ihn nicht erreichen, so tief, daß man ihn nicht erforschen kann, so groß, daß er das Universum erfaßt; schaut man hinauf, so kann man seinen Anfang nicht erblicken; geht man ihm in seinen Werken nach, so findet man nicht sein Ende." [350]) Eine der Hauptlehren des Fo-Hi ist die von der Existenz eines Gottes in drei Personen, deren Bild der Mensch ist. Der Zweck seiner Lehre ist die menschliche Dreiheit durch die Meditation und das Bekämpfen der Leidenschaften zur Vollkommenheit zu bringen. Die Dreiheit besteht, nach Fo-Hi, aus dem Ki, dem Tsing und dem Chen, d. h. aus dem materiellen, seelischen und geistigen Prinzip. Diese sollen sich so eng vereinen, daß die Dreiheit nur eine Einheit bildet. Dann sind ihrer Dauer keine Grenzen gesetzt und ihre Fähigkeiten unzerstörbar. Duhalde, t. III, in fol. p. 50.) [351]) Herodot, in Clio, § 131. Strab. L. XV. Boem. Mores gentium. [352]) Bellontier, Hist. des Celtes, t. V, c. 3. [353]) Tacit. de Morib. Germ.

197

c. 9. Lactant. Praem. p. 5. [354]) August. de Civit. Dei. L. IV,
c. 31. Clem. Alex. L. I, p. 304. Strom. [355]) Plutarch in Vita
Num., ibid. in Mar. Pellontier, Hist. des Celt. L. IV c. 1. Lucan
Phars. L. III, v. 412. Clem. Alex. Cohort. ad Gent. p. 57.
[356]) Euseb. Praep. Evang. V. XIII, c. 12. Henric. Steph. Poes.
philosoph. p. 78.

[357]) Porphyr. Sent. Nr. 10. Stanley in Pythag. p. 775.
[358]) Stanley, de Phil. chald. p. 1123. Beausobre, Hist. du
Manich. t. II, L. IX, c. 1, § 10. [359]) Diese berühmte Tafel soll
im Tal des Hebron gefunden worden sein, und zwar in einem
Grabmal, von dem es heißt, daß die Mumie des Thaôt sich in
ihm befand, die Tafel habe in seinen Händen gelegen. Kriegs-
mann behauptet, sie sei phönizisch und nicht griechisch zu
lesen, und gibt den Text etwas anders wieder als die anderen
Übersetzer. Vgl. Tabula Smaragdina, zitiert von Fabric. Bibl.
Graec. p. 68. [360]) Hermes, in Asclep. c. 9. Jambl. des Myst.
Egypt. c. 30. Maimon. Mor. Nevoeh. Part. II, c. 10. Origen.
Contr. Cels. L. I. Beausobre, Hist. du Manich. t. II, p. 49.

[361]) Homer, cit. von Maxim. von Tyrr. Plin. L. II, c. 7.
Hiob, c. 23. Habbac. c. 1. Maleachi, c. 3. Balzac, Socrate
chrétien, p. 237. [362]) Pluquet, Dict. des Hérésies, art. Pré-
destinatiens. [363]) Noris. Hist. pelag. L. II, c. 15. [364]) Origen.
Comment. in Psalm. p. 38, 39. [365]) S. Leo, Epist. Decret,
11. Niceph. L. XVII, c. 27. [366]) Conc. Rom. gelas. t. III.
[367]) Dict. des Hérésies, art. Pèlagiens. [368]) Pluquet, Dict. des
Hérésies, art. Pèlagiens, t. II, p. 454. [369]) Pelag. apud S.
August. de Nat. et Grat. L. III, c. 9. [370]) Pelag. apud S. August.
de Grat. Christ. c. 4. [371]) Comment. in Aur. Carm. v. 62.
[372]) S. August. de Grat. Christ. cit. von Pluquet, Dict. des
Hérésies, art. Pèlagiens. [373]) Calvin, Institut. L. II, c. 1 u. 2.
[374]) Ibid. L. II. [375]) Maimbourg, Hist. du Calvinisme, L. I, p. 73.
[376]) Origen. Contr. Cels. l. IV, p. 207.

[377]) Plato, in Alcibiad. II. [378]) Hierokl. Aur. Carm. v. 56.
[379]) Ibid. in Praem. [380]) Ibid.

[381]) Hierokl. Aur. Carm. v. 10 u. 11. [382]) Hierokl. Aur.
Carm. v. 22 u. 24. [383]) Hierokl. Aur. Carm. v. 54, 55. [384]) Burnett, Archiolog. L. I, c. 14. [385]) Vom dreifachen Leben des
Menschen, k. VI, § 53. [386]) Ibid. k. VI, § 56. [387]) Procl. in
Tim. L. V, p. 330. Plethon. Schol. ad. Oracl. magie Zoroastr.
[388]) Marsh. Chron. Can. p. 258. Beausobre, Hist. du Manich.
t. II, p. 495. Huet, Origenian. L. II, p. 6.

[389]) Hierokl. Aur. Carm. v. 62—67. [390]) Lactant. de ira Dei,

c. 13 p. 548. [391]) Bayle, Dict. crit. art. Manichéens, rem. D.
[392]) Bayle, Dict. crit. art. Marcionites, rem. E. u. G. [393]) Bayle,
Dict. crit. art. Pauliciens, rem. E. [394]) De ira Dei. c. 13 p. 548.
[395]) Basilius, t. I. In Homil. quod Deus non sit anchor mali.
p. 369. Bayle, Dict. crit. art. Marcionites, rem. E. u. G.
[396]) Traité de Morale. [397]) Réponse à deux objections de M.
Bayle, par Delaplacette, in = 12, 1707. [398]) Essai de Théodicée, Part III, Nr. 405. [499]) Essai de Théodicée, III, Nr. 405
u. ff. [400]) Mém. de l'Académie des Science. 1765, p. 439.

[401]) Zitiert von Degerando, Hist. des Systèmes, t. II, p. 100.
[402]) Buffon, Hist. des Animaux, in 4⁰, p. 37. [403]) System. des
transcendental. Idealismus, p. 441. Zeitschrift für die spekul.
Physik. [404]) Buffon, Théorie de la Terre. Linné, de Telluris
habitab. Increment. Burnett, Archeolog. usw. [405]) Nouveau
Dict. d'Hist. nat. art. Quadrupède. [406]) Ovid. Metamorph.
L. XV. [407]) Nouv. Dict. d'Hist. nat. art. Quadrupède. [408])
Nouv. Dict. d'Hist. nat. art. Animal. [409]) Nouv. Dict. art.
nature. [411]) Leibniz, Brief an Hermann. [411]) Charles Bonnet,
Contempl. de la nat. p. 16. Lecat, Traité du mouvement
musculaire, p. 54, art. III. Robinet, de la nature, t. IV, p. 17.
[412]) Nouv. Dict. art. Quadrupède. [413]) Nouv. Dict. art. Animal.

[414]) Cicer. de Finib. L. V, c. 5. Aul.-Gell. L. XX, c. 5. Clem.
Alex. Strom. L. V. Hierokl. Aur. Carm. v. 68. Lil. Gregor.
Gyrald. Pythag. Symbol. Interpret. Dacier, Vie de Pythagore.
Barthelemy, Voyage du jeune Anarchasis. t. VI, ch. 75.
[415]) Jambl. Vita Pythag. c. 29, 34, 35. Porphyr. apud Euseb.
Praep. Evang. L. III, c. 7. Ibid. de Abstinent. L. IV, p. 308.
Jambl. de Myst. Egypt. c. 37. [416]) Clem. Alex. Stromat. L. V,
p. 556. [417]) Herod. L. II, § 36. Clem. Alex. Stromat. L. V.
Dacier, Vie de Pythag.

[418]) Hierokl. Aur. Carm. v. 70. [419]) Procl. in Tim. L. V, p. 330.
[420]) Apud. Plutarch de Audiend. Poëtis. [421]) Piud. Olymp. II.
Apud Plutarch. Consol. ad Apoll. [422]) Plat. in Phaedon.
[423]) Hierokl. Aur. Carm. v. 68.